# Diccionario básico de Lógica

DICCIONARIOS BÁSICOS

La Bisagra | Buenos Aires | 2014

Fau, Mauricio Enrique
    Diccionario básico de lógica. - 1a ed. - Buenos Aires : La Bisagra Editorial, 2014.
    96 p. ; 17x11 cm. - (Diccionarios básicos / Mauricio Enrique Fau; 8)

    ISBN 978-987-1719-37-2

    1. Lógica. 2. Diccionarios. I. Título
    CDD 160

Fecha de catalogación: 06/02/2014

**Colección Diccionarios Básicos**
**Director de la colección** › Lic. Mauricio E. Fau

*Mauricio Fau se graduó en la Licenciatura en Ciencia Política en la Universidad de Buenos Aires, UBA. Cursó también estudios de grado en la Carrera de Derecho de la UBA y en la Carrera de Periodismo de la Universidad de Morón.*

*Asimismo realizó materias de posgrado de la Maestría en Ciencias Sociales con especialización en Ciencia Política de la Facultad Latinoamericana de Ciencias Sociales, FLACSO.*

*Asistió a diversos talleres y seminarios en instituciones educativas, entre ellas el Instituto Argentino de Desarrollo Económico, IADE.*

*Representando a FLACSO participó con una ponencia en las Jornadas Nacionales Nietzsche 1994 y su exposición forma parte del libro alusivo, editado por la Editorial Universitaria de Buenos Aires, EUDEBA. Ha colaborado también con publicaciones vinculadas a las Ciencias Sociales y co-dirigió programas radiales de temática histórico-política.*

*Profesionalmente, se desempeñó como docente de la Carrera de Ciencia Política de la UBA y actualmente es Director Académico de La Bisagra Editorial y autor de numerosos libros de temática universitaria.*

**Derechos exclusivos** ©2014, La Bisagra Editorial.
Tonelero 5971, CP 1408, CABA, 4642-3802.
Salón de ventas: Librería TODO CBC, Viamonte 2011, CABA.
Impreso en Arieimpresores, Mariano Acha 2415 (1430), C.A.B.A., en el mes de marzo de 2014.

1° impresión en esta colección: 500.
Hecho el depósito que prevé la ley 11.723
Impreso en Argentina

Diseño de tapa e interior: María Eugenia Vigna
Ilustración de tapa: Leandro Fernández Fau

Escribo para que la muerte no tenga la última palabra.

*Odysseus Elytis, poeta griego*

# DATOS BIOGRÁFICOS

## DEL AUTOR

Mauricio Fau se graduó en la Licenciatura en Ciencia Política en la Universidad de Buenos Aires, UBA.

Cursó también estudios de grado en la Carrera de Derecho de la UBA y en la Carrera de Periodismo de la Universidad de Morón.

Asimismo realizó materias de posgrado de la Maestría en Ciencias Sociales con especialización en Ciencia Política de la Facultad Latinoamericana de Ciencias Sociales, FLACSO.

Asistió a diversos talleres y seminarios en instituciones educativas, entre ellas el Instituto Argentino de Desarrollo Económico, IADE.

Representando a FLACSO participó con una ponencia en las Jornadas Nacionales Nietzsche 1994 y su exposición forma parte del libro alusivo, editado por la Editorial Universitaria de Buenos Aires, EUDEBA.

Ha colaborado también con publicaciones vinculadas a las Ciencias Sociales y co-dirigió programas radiales de temática histórico-política.

Profesionalmente, se desempeñó como docente de la Carrera de Ciencia Política de la UBA y actualmente es Director del Departamento Académico de la firma Soluciones Universitarias, especializada en la elaboración de materiales didácticos para el ingreso a la Universidad.

## DEL REVISOR

Rocío Pichon Rivière cursó la Carrera de Filosofía en la Universidad de Buenos Aires, con especialidad en temas de Lógica y Epistemología.

# PREFACIO

Elaborar este diccionario –y los demás que forman la colección de Diccionarios Básicos– ha sido una tarea ardua e intensa, pero muy satisfactoria.

Las miles de horas dedicadas al trabajo se ven recompensadas por la convicción de que el lector encontrará un material realmente valioso, realizado con la mayor seriedad.

En lo personal, me ha sido de suma utilidad el verme ante el desafío de elaborar un contenido que incluya las más diversas manifestaciones del pensamiento, con la convicción de que es desde el conocimiento de lo diverso como se constituyen las propias ideas.

Sin caer en un eclecticismo vacío ni oportunista, la legítima aspiración a la objetividad científica se topa indefectiblemente con la toma de posición, la cual –a la inversa– es puesta en cuestionamiento, es interpelada, por ideas diferentes e incluso antagónicas.

Estoy convencido de que la verdadera libertad del hombre pasa, no por una pretendida objetividad dogmática, sino por la posibilidad de tener acceso a todas las voces, a todos los discursos, a todos los conflictos. Sólo de ese modo –es decir conociendo perfectamente aquellas ideas que no son las nuestras– podremos realmente elegir de un modo no dogmático las propias.

La vieja idea ilustrada del enciclopedismo mantiene su vigencia. El objetivo de este Diccionario es aportar un granito de arena en la titánica lucha por la liberación humana de toda forma de opresión.

Si por intermedio de este libro el lector logra aprender y aprehender algo más de lo que ya sabía. O mejor, si se topa con ideas que contradicen las suyas hasta hacerlas tambalear. Si se produce esa *sacudida*, entonces el objetivo estará cumplido. Las grandes revoluciones de la historia requieren tanto de una transformación social material como de un cambio en la cabeza de sus protagonistas.

*El autor*

# CARACTERÍSTICAS
# DEL DICCIONARIO

- Los términos más utilizados en el ámbito universitario

- Explicación breve, pero precisa y completa

- Definiciones basadas en la bibliografía propuesta en los programas de las materias del Ciclo Básico Común de la Universidad de Buenos Aires (CBC), el sistema a distancia UBA XXI y otros de diversos universidades públicas y privadas

- Gran cantidad de remisiones, para que el lector encuentre el término que busca

- Referencias cruzadas destacadas que permiten pasar de una definición a otra vinculada y así sucesivamente. Así, partiendo de cualquier definición del Diccionario es posible recorrer diversas rutas: el conjunto de una teoría, cotejar teorías diferentes, asociar y agrupar términos, recorrer la obra completa de un autor por medio de sus conceptos claves

- Contextualización rápida: en las entradas referentes a personajes históricos y pensadores, inmediatamente después del apellido y nombres se ofrecen datos como la fecha de nacimiento y muerte, nacionalidad, profesión, etc

• Términos no unívocos: en el caso de las entradas cuyas definiciones dependen de la teoría en la que se encuadren, esto se aclara específicamente. Esto es útil a los lectores para comparar y advertir la diversidad ideológica que tienen muchos términos, reforzando el espíritu pluralista y crítico, reconociendo las cargas ideológicas diferentes y hasta opuestas

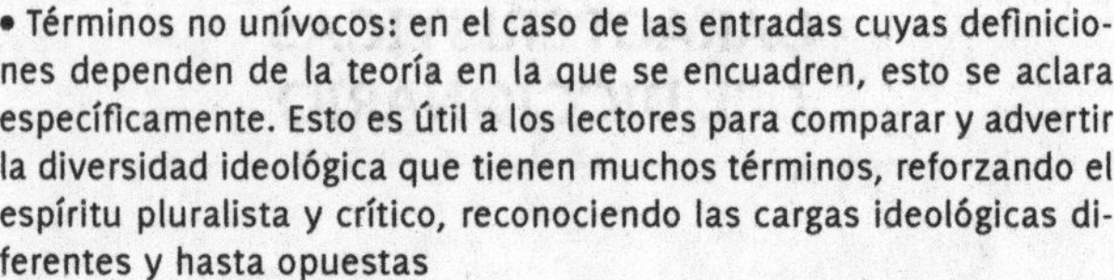

• Obras claves: libros fundamentales con su autor y fecha en el que fueron escritos. Este recurso resulta muy útil para comenzar a leer un libro ya que permite contextualizarlo (con la época y el lugar en que se hizo) y ver sus ideas principales

• Términos clave de un autor: se trata de términos pertenecientes o muy ligados a un autor en particular

• Inicial: en la definición se utiliza la inicial de la entrada en cuestión

• Ejemplos: cada vez que lo hemos considerado necesario se han introducido ejemplos aclaratorios

• Letras Ch y Ll: de acuerdo con las recomendaciones de la Asociación de Academias de la Lengua Española para los diccionarios, las letras ch y ll no figuran en forma independiente sino que aparecen en el orden correspondiente dentro de la c y la l respectivamente

• Términos de otras lenguas: las palabras pertenecientes a lenguas distintas del español son presentadas en letra cursiva

• Bibliografía: al final del Diccionario, el lector hallará una bibliografía cuidadosamente seleccionada que constituye una verdadera biblioteca esencial de cada disciplina

# Diccionario básico de Lógica

# A

**A fortiori:** Un **razonamiento** es AF cuando contiene **enunciados** que no pertenecen a la **prueba** principal de la **conclusión** pero que refuerzan esta prueba, dando apoyo a la misma conclusión. De esta conclusión se dice que es AF verdadera. Hay otro sentido en que se usa esta expresión, según el cual un argumento es AF cuando el razonamiento contiene adjetivos comparativos y se basa en la transitividad de las relaciones que ellos expresan. Por ejemplo: "5 es mayor que 2 porque 3 es mayor que 2 y 5 es mayor que 3."

**A posteriori:** **Enunciado** que necesita de la **experiencia** sensible para su fundamentación. Es una propiedad del **conocimiento** y por extensión de los **juicios** y **enunciados informativos.** Opuesto: *a priori.*

**A posteriori** (Immanuel Kant): Ver *a priori.*

**A priori:** Se trata de todo **enunciado** que no precisa de la **experiencia sensible** para su fundamentación, porque se apoya en principios de la pura razón, que son anteriores a toda experiencia sensible. Es una propiedad del **conocimiento** y por extensión de los **juicios** y **enunciados informativos.** Opuesto: *a posteriori.*

**A priori** (Immanuel Kant): Antes de **Kant,** filósofos como **Leibniz** y **Hume** afirmaban que los **enunciados** AP son analíticos y viceversa (Hume los llamaba *relaciones de ideas* y Leibniz *verdades de razón*). Kant distinguió el par *a posteriori*-AP del par *sintético-analítico* y desde entonces es una acalorada discusión filosófica la de si acaso todos los enunciados AP son analíticos y todos los enunciados *a posteriori* son sintéticos o si en cambio estas categorías presentan más combinaciones (por ejemplo, si existen enunciados que sean a la vez *a posteriori* y analíticos). Kant sostuvo que existen **juicios sintéticos AP** (en particular, los enunciados matemáticos y físicos, entre otros). Kant entiende la apriondad como una **necesidad** absoluta pero no como la necesidad **lógica** de que una **tautología** sea verdadera, pues estos tipos de verdades son formales (hablan acerca del correcto uso de **símbolos,** son verdades analíticas) y no hablan acerca del mundo. Por ejemplo: "Todos los hijos tienen padres biológicos" es necesariamente verdadero porque así se define el término "hijo". Pero esta afirmación no nos permite saber nada acerca de si hay hijos en el mundo real ni hacer **predicciones** ni **explicaciones** causales de **fenómenos empíricos.** Los enunciados AP sí pueden hablar acerca de la **empiria;** en ese caso son sintéticos, pero son independientes de ésta en un sentido **epistemológico:** un juicio AP no se justifica por referencia a la **experiencia** sensible. Lo AP no se aplica a la **cosa en sí** sino sólo a los fenómenos.

**Abducción:** Ver **razonamiento abductivo**.

**Accidente:** Tipo de **falacia de atinencia** que consiste en aplicar una regla general a un caso particular cuyas circunstancias "accidentales" hacen inaplicable la regla. Por ejemplo, **Platón** encuentra una excepción a la regla general de que uno debe pagar sus deudas: "Supongamos que un amigo, cuando está en su sano juicio, me ha entregado armas para que se las tenga, y me las pide cuando no está en su sano juicio; ¿debo devolvérselas? Nadie diría que debo hacerlo..." (*República*, libro I).

**Accidente inverso (generalización apresurada):** Tipo de **falacia de atinencia** donde se trata de generalizar a partir de un caso atípico. Por ejemplo, al considerar el efecto de las drogas sobre los que abusan de ellas, podemos concluir que todas las drogas son dañinas y requerir que su venta y su uso sean prohibidos por **ley**.

**Acontecimiento (Karl Popper):** La clase de todos los **enunciados singulares** que hacen referencia a un mismo hecho concreto y particular. Por ejemplo, "La pelota P ha caído en dos segundos desde una altura de 4 metros, el 11/12/04 a las 23 hs, en la cancha de fútbol 5 *Fatigatti*", "Cuando tiré mi pelota se elevó cuatro metros y cayó en dos segundos, en mi último cumpleaños, a la noche", "Dicembre the 11th 2004, 11 PM: ball P has fallen in 2s from a high of 4m, ...", es un A. Es decir, un A es un hecho particular desde un punto de vista lingüístico. Opuesto: **evento**, que refiere a los aspectos generales.

**Ad baculum:** Ver *argumentum ad baculum*.

**Ad hominem:** Ver *argumentum ad hominem*.

**Ad ignoratiam:** Ver *argumentum ad ignoratiam*.

**Ad misericordiam:** Ver *argumentum ad misericordiam*.

**Ad populum:** Ver *argumentum ad populum*.

**Ad verecundiam:** Ver *argumentum ad verecundiam*.

**Adecuación:** Ver **validación**.

**Afirmación: 1. Enunciado** de una **proposición afirmativa** (cuya **conectiva** principal no es la **negación**). **2.** Enunciado de una proposición que se pretende que sea verdadera. Opuesto: **negación**.

**Afirmación empírica singular:** Parte de la **estructura** de una **teoría** científica, convencionalmente denominada "**nivel 1**". Son aquellos **enunciados** referidos a una situación particular que describen lo observable, ya sea de manera directa o por medio de instrumentos de **obser-**

**vación.** Por ejemplo, "En el preparado que está ahora en el microscopio hay bacterias."

**Alético:** (Del griego *aletheia*, "verdad"). Referido a la **verdad** o el "desocultar".

**Ambigüedad:** Aquello que puede interpretarse de distintas maneras. Se produce cuando una palabra tiene más de un **significado** (**polisemia**). La A sólo puede reducirse o eliminarse por medio de la evaluación del contexto. Por ejemplo, "Vela" (A lexical) o "El animal de Alejandro comió muchísimo" (A sintáctica). Ver **anfibología.**

**Analiticidad explícita: Proposición analítica,** donde la relación entre los términos es visible. Por ejemplo, "Todas las odontólogas son odontólogas".

**Analiticidad implícita: Proposición analítica,** donde la relación entre los términos está parcial o totalmente oculta. Por ejemplo, "Todas las odontólogas son mujeres".

**Analítico (Immanuel Kant):** En **lógica,** un juicio es A cuando su predicado está ya contenido en el **sujeto,** por lo que no le agrega nada nuevo. Es decir que se trata de una **tautología.** Por ejemplo, "El triángulo tiene tres lados". Opuesto: **sintético.** (Ver **enunciado analítico**).

**Analogía: Razonamiento** que lleva al descubrimiento de lo desconocido, partiendo de algo conocido cuyas caracte-

rísticas, propiedades o **funciones** sean semejantes en algún aspecto. Por ejemplo, a partir de saber que había seis planetas que ejercían atracción gravitatoria sobre Urano -lo cual explicaba una parte de las perturbaciones sufridas por éste- se hizo una A por la cual se llegó a la **conclusión** de que había un séptimo planeta aún desconocido. Basándose en esos **datos,** otros científicos descubrieron rápidamente al planeta que hoy conocemos como Neptuno.

**Anfibología:** Tipo de **falacia de ambigüedad.** Un **enunciado anfibológico** puede ser verdadero en una interpretación y falso en otra, porque su **significado** es confuso (es decir que se trata de una **oración** de doble **sentido**). I. Copi relata el siguiente ejemplo: cuando Creso, rey de Lidia, planeaba una guerra contra Persia, consultó al oráculo de Delfos, quien contestó que "Si Creso emprende la **guerra** contra **Persia,** destruirá un reino poderoso." Encantado con la **predicción,** Creso inició la guerra, pero perdió. Creso protestó al oráculo por la predicción falsa. El oráculo respondió que la predicción era correcta. Al desencadenar la guerra, Creso destruyó un poderoso reino: ¡el suyo propio!

**Antecedente:** Se llama A a la **proposición** ubicada a la izquierda de la **conectiva condicional** (ver **consecuente**). En el **lenguaje natural** esta proposición va siempre encabezada por el término **"si"** o algún equivalente ("cuando", "en el caso de que"). Por ejemplo, en la oración "Voy a ser feliz si me recibo y no cumplí todavía los ochenta" el A es la **proposición molecular** "Me recibo y no cumplí ochenta".

**Antinomia:** Par de **hipótesis** contradictorias entre sí. Por ejemplo, "llueve" y "no llueve". Por extensión, se llama A a toda **dicotomía** o planteo con dos alternativas opuestas entre sí.

**Antítesis: Proposición** contraria a otra llamada **tesis**, y que se resuelve en una tercera, llamada **síntesis**. En la **dialéctica**, es el momento de la **negación**. En la **escolástica** este es el nombre que se le daba a la **hipótesis del absurdo** en una **prueba indirecta**.

**Apodíctico: Proposición** necesariamente verdadera e irrefutable. Por ejemplo, la afirmación **cartesiana "Pienso, luego existo"** suele considerarse evidente por sí misma. (Ver **proposición apodíctica**). Para **Aristóteles**, un **razonamiento** es A cuando es **válido** y sus **premisas** son verdaderas.

**Apofántica: Aristóteles** usaba los términos *apófansis* o *lógos apofantikós* de la misma manera que nosotros usamos "proposición" u "**oración informativa**". Para la **lógica aristotélica**, todas las proposiciones eran reductibles a la forma "S es P", porque la función fundamental de una proposición consistía en mostrar, dar a conocer, declarar, revelar. Para esta concepción, el verbo "ser" era el nexo lógico fundamental que permitía mostrar la naturaleza de las cosas. Las formas A fundamentales eran cuatro (las **proposiciones categóricas**) y bastaban para construir los distintos tipos de **silogismo**: universal afirmativa, universal negativa, particular afirmativa y particular negativa.

**Aporía:** "Camino sin salida", dificultad **lógica** insuperable o insuperada propia de un problema especulativo. Ejemplo: las A de **Zenón de Elea** sobre la negación del movimiento que en su tiempo fueron A y hoy se las considera resueltas. Es una cuestión filosófica la de si tal o cual problema tiene una salida -y cuál es la salida más pertinente- lo que rara vez tiene una respuesta universalmente aceptada. **Platón** escribió tanto diálogos aporéticos como otros en los que se aventuró a dar respuesta a problemas que había planteado antes como difíciles de resolver. Las soluciones que dio han sido severamente criticadas por muchos filósofos pero todos reconocen su genio en la calidad de los problemas que propuso.

**Apriorístico:** Que es *a priori*.

**Argumento: Razonamiento** que se utiliza para demostrar una **proposición**. Proceso en el cual se presentan elementos de juicio a favor de una **explicación**.

***Argumentum ad baculum* (apelación a la fuerza):** Tipo de **falacia de atinencia** por la que se apela a la fuerza cuando fracasan las pruebas o argumentos racionales, sobre todo en **política**, amenazando, por ejemplo, con la **guerra**.

***Argumentum ad hominem* (circunstancial):** Tipo de **falacia de atinencia** que ataca al hombre que, por razones circunstanciales, no puede argumentarle en contra, aún cuando éste último tenga razón. Por ejemplo, si alguien condena a un cazador, y éste le reprocha "¿por qué entonces usted come carne?", la falacia está dada en que no se contesta la pregunta, sino que se la elude con una réplica en forma de acusación, logrando que un adversario en una discusión acepte cierta **conclusión**.

***Argumentum ad hominem* (ofensivo o argumento contra el hombre):** Tipo de **falacia de atinencia** que consiste en un **argumento** dirigido contra el hombre. En vez de tratar de refutar la **verdad** de lo que se afirma, se ataca al hombre que hace la **afirmación**. El mecanismo psicológico al que se apela es la transferencia: trasladar lo emocional (el odio a una persona) a lo racional (el **razonamiento** de esa persona). Sin embargo, aún el más perverso de los hombres puede a veces decir la verdad o razonar correctamente. Por ejemplo, "Si lo dijo ese asesino, debe ser mentira".

***Argumentum ad ignoratiam* (argumento por la ignorancia):** Tipo de **falacia de atinencia** con planteos como: "Debe haber fantasmas porque nadie hasta hoy demostró que no los hay", es decir que se comete esta falacia cuando se sostiene que una **proposición** es verdadera simplemente sobre la base de que no se ha demostrado su falsedad, o que es falsa porque no se ha demostrado su **verdad**. Suele usarse para hablar a favor o en contra de fenómenos extrasensoriales, como la telepatía o el espiritualismo.

***Argumentum ad misericordiam* (argumento por la misericordia o llamado a la piedad):** Tipo de **falacia de atinencia** que apela a la piedad para que se acepte determinada **conclusión**. Por ejemplo, se da cuando un abogado defensor deja de lado los hechos que atañen al caso y trata de lograr la absolución de su cliente despertando piedad en el jurado.

***Argumentum ad populum* (apelación al pueblo):** Tipo de **falacia de atinencia** que intenta ganar respaldo popular para una **conclusión**, despertando las pasiones y el entusiasmo de la multitud. Se usa mucho en **política** y propaganda. Por ejemplo, comer ciertos cereales es proclamado un deber patriótico, vestir o vivir de determinada forma busca ganar la aprobación del público, un auto es mostrado rodeado de hermosas jóvenes en traje de baño, o también se argumenta que tal marca o tal político es el mejor porque todo el mundo la compra o lo vota. La aceptación general de una opinión no demuestra que ésta sea **verdad**.

***Argumentum ad verecundiam* (apelación a la autoridad):** Tipo de **falacia**

**de atinencia** que argumenta que cierto **razonamiento** es correcto porque lo apoya alguien importante y con prestigio (**Einstein**, **Aristóteles**, Ernesto Sábato, por ejemplo). Sin embargo, si bien la opinión de un gran científico o una gran personalidad es válida con respecto a su disciplina, no podemos pretender que lo sea para hablar de fútbol. Esta falacia se usa mucho en publicidad, cuando se argumenta que cierto producto es mejor porque lo usa cierta actriz o cantante.

**Aristóteles (384-322 a.C.):** Filósofo griego, discípulo de **Platón**, que creó una forma más moderada de **realismo** que la de su maestro, conciliando con el **empirismo**, en oposición a la **especulación** pura platónica. Para A, las ideas están vinculadas a las cosas materiales ("ver para creer"). Algunos de sus conceptos claves fueron los de: **potencia, acto, sustancia, accidente** y la **teoría** de las **causas**. Desarrolló la **lógica** analítica, basada en el **método deductivo** y el **silogismo**. Educador de **Alejandro Magno**, fundó el **Liceo** y enseñó a los **peripatéticos**. Defendió al **Estado** o *Polis* como forma superior, basada en la unión de varias **familias** en aldeas, unidas a su vez en el Estado, lugar de la convivencia, **sociedad** perfecta y autosuficiente. Clasificó las formas de **gobierno** en tres buenas o puras (**monarquía, aristocracia y república**), que tienden al **bien común**, y tres malas o impuras, deformaciones de las buenas (**tiranía, oligarquía y demagogia**). Principales obras: *Organon* (escritos lógicos), *Ética Nicomaquea* y *Política*.

**Aserción: Enunciado** que transmite una certeza o un **juicio** cuyo **significado** se estima verdadero. Puede ser positiva (**afirmación**) o negativa (**negación**), y se opone a la duda.

**Asimetría entre verificación y refutación (falsacionismo ingenuo):** Posición que sostiene que un solo caso falso refuta una **teoría**, mientras que miles de casos favorables sólo la corroboran, pero nunca la confirman ni verifican. El **argumento** en favor de la AVYR es de orden lógico: la forma del **razonamiento de falsación** es válida (*modus tollens*) mientras que la del razonamiento de **verificación** o **corroboración** (**falacia de afirmación del consecuente**) no lo es. Las opiniones están divididas sobre si Karl **Popper** defiende este principio. La crítica más contundente que recibió esta posición es el argumento holístico (ver **holismo**).

**Atómico:** Ver **enunciado atómico**.

**Axioma: Proposición** que se acepta como verdadera sin demostrarse, y que sirve para probar otras. La definición clásica (**Aristóteles, Euclides**) ve al A como un principio o una **proposición** evidente en sí misma, no demostrada e indiscutible, que no necesita fundamentación alguna, y que sirve de base para demostrar otras proposiciones o **teoremas**. Estas proposiciones ordenadas forman un **sistema deductivo** al que se llama **sistema axiomático**. En la actualidad predomina la visión del formalismo, que plantea que el A es una **fórmula** fundamental no definida ni evidente, que sirve de base o punto de partida para demostrar deductivamente las demás proposiciones –lo cual, por otra parte, diluye la distinción entre el A y el **postulado**-. Desde este punto de vista, los A no se eligen porque sean autoevidentes sino porque no es posible demostrar unas proposiciones a partir de otras si no hay un punto de llegada en la justificación, un fundamento último no demostrado (ya que sin esto la justificación sería infinita) punto de partida que es, en definitiva, arbitrario. Todos los A de un sistema son teoremas del mismo, pero no a la inversa.

**Axiomas de Peano:** Conjunto de cinco **axiomas** que definen los números naturales, permitiendo constituir a la aritmética como un sistema **hipotético-deductivo**. Esos axiomas son los siguientes: 1) Cero es un número natural, 2) Todo número natural tiene sucesor, 3) Cero no es sucesor de ningún número, 4) Si dos números tienen el mismo sucesor, son el mismo número, 5) Si –se demuestra que– a) cero tiene una propiedad P cualquiera y además -se demuestra que-, b) **Si** un número cualquiera tiene la propiedad P **entonces** su sucesor también la tiene, -sobre la base de a) y b)-, es legítimo afirmar que todo número natural tiene la propiedad P.

**Axiomatización:** Procedimiento para crear un **sistema axiomático** de infinitas **proposiciones** (o **pseudoproposiciones** si se trata de una A **formal**) a partir de ciertas proposiciones o, más comúnmente, a partir de una **teoría**. La A permite ordenar una **teoría** deductivamente exhibiendo las relaciones de **implicación** entre sus proposiciones. Además sirve para conocer **teoremas** nuevos que estaban implícitos en la teoría. La A puede ser finita o infinita según el número de **axiomas** sea finito o infinito. En el último caso se recurre a formas de axiomas. Por ejemplo, en una A de la **lógica** una **forma de axioma** puede ser B > B, que indica que las infinitas fórmulas con esa forma son axiomas del **sistema** (p > p; q > q; r > r; etc) ("B" es una metavariable). Son ejemplos de A la A de la geometría proyectiva (Pasch, 1882) y las A de la **lógica proposicional** de Lukasiewicz (1929) y de Rose (1949).

# B

**Bacon, Francis (1561-1626):** Filósofo inglés, formuló los principios del **método científico** moderno, por lo que fue considerado el fundador de la **ciencia** experimental (por ejemplo, en las **leyes** de la mecánica). Sostenía que -una vez que se constata la **verdad** de los **enunciados particulares**- se puede inferir por medio de la **inducción** la verdad de los **enunciados universales**. Sus críticos sostienen que no existe justificación lógica para la **inferencia** inductiva. Uno de los pioneros del **empirismo**, B centró su atención en la naturaleza y el **conocimiento** del mundo y no en el intelecto, base fundamental del pensamiento aristotélico concebido por la **lógica** deductiva. Entre sus obras principales encontramos a: *Novum Organum. Ordenación metódica de las ciencias* (1620). Como uno de los autores del pensamiento de la **utopía**, escribió *Nueva Atlántida* (1627).

**Bicondicional: Conectiva lógica** y la respectiva **proposición molecular**, que se forma con la **conectiva "si y sólo si"** (también llamada **condicional doble**). Sus componentes se llaman componente izquierdo y derecho, y el **signo** que lo representa es una flecha doble (ß») o tres líneas (ɛ). Por ejemplo, "Iré al cine si y sólo si me acompañás" solamente es verdadera cuando ambos componentes atómicos tienen el mismo **valor de verdad**. Si son distintos es falsa.

# C

**Calidad de una proposición:** La CP es negativa o afirmativa según se trate de una **proposición negativa** (universal o particular) o de una **proposición afirmativa** (universal o particular) respectivamente.

**Cantidad de una proposición:** La CP es universal o particular según los **cuanti**ficadores que tenga, es decir, según se trate de una **proposición universal** (negativa o afirmativa) o de una **proposición particular**, a la que hoy día se conoce como existencial, (ya sea negativa o afirmativa) respectivamente.

**Carnap, Rudolf (1891-1970):** Filósofo de la **ciencia**, lógico y lingüista alemán, uno de los más destacados pensadores del **Círculo de Viena**. Según C, la **verdad** o **falsedad** de los **enunciados sintéticos** depende de la **experiencia** y, con ello, también su posible significatividad. Partidario del **neopositivismo**, adoptó la postura del **inductivismo en sentido amplio** o **confirmacionismo**, reemplazando el **criterio o principio de verificabilidad** por el **criterio o principio de confirmabilidad**. Entre sus obras principales encontramos a: *Fundamentación lógica de la física* (1951).

**Categoremático:** Ver **términos no lógicos**.

**Categoría: Aristóteles** definió diez **géneros** (en algunas de sus formulaciones no son diez pero se suele indicar este número) en los que se pueden clasificar las manifestaciones del **ser** (la **sustancia** y nueve accidentes: cantidad, calidad, relación, lugar, etc). Esta clasificación también distingue términos del **lenguaje** y no es claro que Aristóteles trazara una distinción tan tajante como la nuestra entre el plano lingüístico y el **óntico**. En **Kant**, es un concepto puro o *a priori* del **entendimiento**. En la actualidad, la C es vista como un concepto o clase que sirve para ordenar hechos o ideas.

**Categórico: Proposición** o argumentación no sometida a condiciones. Por ejemplo, el **silogismo categórico** de **Aristóteles** o el juicio categórico de **Kant**. Opuesto: hipotético, disyuntivo.

**Causa:** Según el **empirismo**, factor o **fenómeno** que genera a otro, llamado **efecto**. En la **filosofía** clásica, todo lo que influye en la constitución de un **ser**. **Platón** sitúa a la C en las ideas, mientras que **Aristóteles** distingue una **C material**, una **C formal**, una **C eficiente** (tomada luego por el **mecanicismo**) y una **C final**. Para **Kant**, la C es una **categoría** *a priori* del **entendimiento**. Pueden identificarse más tipos de C pero, sin importar de qué tipo se trate, suelen darse dos condiciones: la **verdad** de la C implica la verdad del efecto (o al menos ofrece un **apoyo inductivo**) y además la relación entre ambos es asimétrica tal que si A es la causa *x-al* (formal, material, funcional, etc) de B entonces B no es la causa *x-al* de A.

**Causa (David Hume):** Desde el **empirismo, Hume** establece tres condiciones para afirmar que un hecho C es causa de otro E: 1- Contigüidad: C y E deben ser contiguos, es decir, producirse en la mayor proximidad espacial posible, 2- Sucesión: C debe ser inmediatamente seguido por E y, 3- **Conjunción:** siempre que se observa C debe obser-

varse E, sin excepción. Sin embargo, el concepto de C requiere algo más: la conexión necesaria entre C y efecto también en el futuro: cada vez que en el futuro ocurra C debe ocurrir E. Hume no postula este requisito porque precisamente está desenmascarando el **problema de la inducción:** sus requisitos son de corte **empirista** y no tenemos experiencia del futuro (no hay **dato empírico** del futuro). La conexión necesaria que postulamos en una afirmación universal (que habla de infinitos casos pasados, presentes y futuros) no tiene fundamento empírico, o lo que es lo mismo, el **principio de inducción** no tiene fundamento empírico. Le han criticado a Hume que sus requisitos sólo sirven para fenómenos observables, como el movimiento de una bola de billar que mueve a otra. En este sentido, la C se diferencia de la **conexión necesaria**, que refiere a fenómenos que van más allá de lo observable.

**Causa eficiente (Aristóteles):** Razón por la que se produce un cambio o **efecto** que involucra movimiento, o lo que determina que un **ser** sea lo que es físicamente. Se vincula con el principio del movimiento. Por ejemplo, la acción del escultor para modelar una estatua o la acción de una bola de billar golpeando a otra.

**Causa falsa:** Tipo de **falacia de atinencia** que consiste en el error de tomar como **causa** de un **efecto** algo que no es su causa real. También se da cuando atribuimos a un efecto una causa por el simple hecho de que ésta es anterior temporalmente. Por ejemplo, cuando un salvaje cree que el Sol aparece a causa de que él hace sonar los tambores.

**Causa final (Aristóteles):** Finalidad por la cual se hace determinada cosa. Por ejemplo, comprar verduras para hacer una ensalada. **Aristóteles** afirma que Dios es la CF de todas las cosas o **"motor inmóvil."** Concepto básico de la **teleología.**

**Causa formal (Aristóteles):** La forma o **esencia** que determina que algo sea como es. La CF de algo es su **forma.** La CF de que una manzana sea una manzana es "la determinación esencial de ser manzana" de la manzana. Esto puede sonar redundante por la concepción que tenemos acerca de lo que es una causa. Este tipo de causas fue desarrollado por **Platón**, quien las llamaba **"ideas"** y decía que las cosas del mundo **sensible** participan de ideas y que es por eso que podemos tener un **conocimiento** general acerca de las cosas.

**Causa material (Aristóteles):** La materia o sustrato básico que hace que el **ser** exista. La CM de algo es su **materia** (ver).

**Causa primera:** Lo que produce un **efecto** sin tener ella misma una **causa.**

**Causa segunda:** Lo que produce un **efecto** dependiendo de una **causa primera.**

**Causalidad:** Ver **teoría de la causalidad.**

**Causalismo:** Suposición de que los **fenómenos** son consecuentes, ocasionados por otros sucesos anteriores o antecedentes.

*Ceteris paribus***:** Voz latina que significa "todo lo demás constante" (se lee *kéteris páribus*). Técnica que consiste en estudiar la relación entre **variables**, mientras se mantienen fijas o constantes todas las demás. Supuesto por el cual una variable fluctúa y el resto permanece constante. Son muy frecuentes en **Economía** (por ejemplo, la **curva de demanda** nos dice cuál es el **precio** máximo que los consumidores estarán dispuestos a pagar para adquirir (de) un **bien o** para cada cantidad del mismo, permaneciendo el resto *CP*) y se usan en alguna medida en casi todas las **ciencias.** Las cláusulas *CP* son **enunciados universales** de inexistencia, ya que suponen (y por tanto, afirman) que no hay ningún factor, además de los considerados, que intervenga en el hecho que se está estudiando. Son inverificables porque aunque no se conozca la existencia de un tal factor, éste podría existir en el futuro o incluso en un momento pasado o presente sin que nadie se haya dado cuenta. Cuando se refuta una **teoría**, se la refuta con sus cláusulas *CP*, por lo cual siempre sería posible salvar la teoría diciendo que hubo un factor no considerado que intervino causando los resultados imprevistos (así, no se vería refutada la teoría sino la cláusula *CP*).

**Ciencias formales: Ciencias** que se basan en **enunciados analíticos** cuya **verdad** o falsedad se establece *a priori*, de modo que su fundamentación es independiente de la **experiencia** y exclusivamente **deductiva**. Se caracterizan por ser no **empíricas**, es decir, no hacen referencia a ningún sector específico de la realidad sensible. Son CF la matemática, la geometría y la **lógica** no aplicadas. Opuesto: **ciencias fácticas**.

**Ciencias no empíricas:** Ver **ciencias formales**.

**Círculo de Viena (1929-1939):** Escuela científica difusora de las ideas del **positivismo lógico** o **neopositivismo**, fundada por M. Schlick. Sus dos influencias fundamentales fueron los *Principia Mathematica* de **Russell-Whitehead** y la obra del primer **Wittgenstein**. El objetivo central del CV fue la constitución de un **lenguaje** científico unificado en el cual se aceptarían sólo **proposiciones** que pertenecieran a la **lógica** o a las **ciencias** basadas en la **observación** y descripción de hechos sensibles. La herramienta para esta empresa fue el análisis lógico. Su objetivo, eliminar los pseudo-problemas propios de la **especulación**. Para el CV, el **significado** de una proposición se reduce a su **método** de **verificación**, es decir, en el procedimiento -o bien ex-perimental o bien **deductivo**- para determinar su **verdad** o falsedad. En este sentido, el **empirismo** del CV lo lleva a rechazar todo **enunciado** que no tenga su fuente en la **experiencia** directa: los **enunciados generales** -como las **hipótesis**- deben reducirse a sus **enunciados básicos** o **elementales**, para poder observarse (**tesis** de extensionalidad). Según el CV, el **progreso de la ciencia** es acumulativo, porque sus logros no se abandonan: las **teorías** confirmadas son relativamente inmunes a una **refutación** posterior. Son contribuciones definitivas, resultados estables, obtenidos por el **conocimiento científico**. Sus principales integrantes –además de Schlick– fueron R. **Carnap**, O. Neurath, K. **Gödel**, H. **Reichenbach**, C. **Hempel**, E. **Nagel** y A. Tarski. La persecución **nazi** obligó al CV a emigrar, especialmente a universidades norteamericanas.

**Círculo vicioso: Falacia informal.** Argumento (o **explicación**) en el cual hay dos **proposiciones** que se prueban la una a la otra inmediata o mediatamente. Por ejemplo: p › q; q › r; r › p. La **petición de principio** es el caso de CV en el cual hay una sola proposición que a la vez funciona como **premisa** y como **conclusión**, es decir que se demuestra a sí misma. El resultado es un bicondicional. (En el esquema anterior: p = r: p › q; q › p). Por ejemplo, en *El principito* de Saint-Exupéry, el protagonista le pregunta al bebedor por qué bebe y el bebedor responde que bebe para olvidar. ¿Para olvidar qué?, pregunta aquel, y el bebedor responde: para olvidar que tiene vergüenza de beber. El CV también es una propiedad de los hechos. Por ejemplo: "Cuanto más débil está, tiene menos ganas de comer; y cuanto menos come, más débil está." Opuesto: **círculo virtuoso**.

**Círculo virtuoso: Proceso** cuyos descubrimientos se utilizan para perfeccionar al propio proceso, lo que a su vez permite mejorar la producción de descubrimientos. Desde el punto de vista lógico, el CV es un tipo de **inferencia** que es circular porque se presupone aquello que se quiere demostrar pero que no se considera un **círculo vicioso** porque en el caso particular de que se trata no parece haber una mejor demostración. El ejemplo más citado es el de la **lógica** porque para definir sus nociones más básicas se usan expresiones cuyo **significado** sólo se comprende si ya se conocen tales nociones (por ejemplo, se usan palabras como **"entonces"**, **"si y sólo si"**, etc. y además, las inferencias por las cuales unas propiedades de la **lógica** se siguen de otras son inferencias legítimas sólo si se acepta la lógica que se está definiendo mediante tales inferencias. Esta particularidad de la circularidad de cualquier defensa de la lógica deductiva se ha usado para defender la legitimidad de la **inducción** frente al llamado **problema de la inducción**. Brevemente: la acusación de que la inducción no puede fundamentarse sobre la **experiencia** ni tampoco sobre la lógica deductiva, sino que solamente se

deduce de un **principio de inducción** (el cual a su vez no está justificado), pierde su fuerza ya que un inductivista puede decir a su favor que si bien una fundamentación de esa forma es un razonamiento circular, no se trata de una petición de principio sino de un CV.

**Cláusula *ceteris paribus*:** Ver *ceteris paribus*.

**Cláusula protocolaria (positivismo lógico):** **Enunciado elemental** o particular, que habla de algún **fenómeno** observado en un **experimento** y que constituye la **base empírica** que permite la **confirmación** o **refutación** de las **hipótesis** de la **ciencia**. Así, desde el **inductivismo** y el **confirmacionismo**, Carnap sostuvo que la CP es un enunciado que no necesita confirmación, sino que sirve de base para la puesta a prueba o **contrastación** de todos los demás enunciados de la ciencia. No ponía en duda la verdad de las CP porque suponía que el acuerdo mínimo entre los científicos acerca del resultado experimental era suficientemente poderoso como para garantizar la **verdad** de su descripción en un **lenguaje** despojado de **carga teórica**. Carnap encontraba en las CP una base segura para el edificio de la ciencia (**fundacionismo**). Para **Popper** la noción de CP es inaceptable porque para él todo enunciado científico, por más "despojado de teoría" que esté, debe ser **falsable** y para ello se lo debe poner en relación con otros enunciados, por medio de una teoría (para poder extraer diferentes **consecuencias observacionales** que permitan un nuevo experimento). También llamada **enunciado básico**.

**Coherencia:** Ver **teoría de la verdad como coherencia**.

**Completitud:** Característica de un **sistema axiomático**, a veces se la llama **compleción** o **completud**. Diferentes autores usan el término en diferentes sentidos. **1.** C respecto de la negación: un sistema axiomático es completo **si y sólo si** para cada **fórmula bien formada** (fbf) del sistema ocurre lo siguiente: es un **teorema** ella misma o bien su **negación**. Puede formalizarse así: $T(x) \lor T(\neg x)$ **2.** Se llama también C (o **saturación**) a la siguiente propiedad: para cualquier fbf F del sistema, o bien F es un teorema del sistema o bien si F se agregara como axioma al sistema éste se volvería inconsistente. **3. C semántica:** un sistema de **lógica** es semánticamente completo si todas sus **consecuencias semánticas** (**tautologías**) son **consecuencias sintácticas** (teoremas) del sistema.

**Completud:** Ver **completitud**.

**Composición:** Tipo de **falacia de ambigüedad** donde se trata de trasladar las propiedades de las partes de un todo al todo: "Si todas las partes de una máquina son livianas, la máquina es liviana." En un segundo tipo, el error está en partir de propiedades de los miembros o elementos individuales de una colección para pasar a las propiedades poseídas por la colección o totalidad de los elementos. I. Copi plantea que la C se da si afirmo que "Si un ómnibus gasta más nafta que un auto, todos los ómnibus gastan más nafta que todos los autos." El error está en que, sumados todos los autos, gastan más que sumados todos los ómnibus. El primer caso es distributivo (individual, un ómnibus y un auto), mientras que el segundo es colectivo (todos los ómnibus y todos los autos).

**Conclusión: Proposición** de un **razonamiento** que se afirma sobre la base de las otras proposiciones (**premisas**) del mismo. Premisa y C son términos relativos: la misma proposición puede ser premisa en un razonamiento y C en otro.

**Conclusión inatinente:** Ver *ignoratio elenchi*.

**Condición:** En el **condicional**, relación de presuposición entre dos términos: el **antecedente** ("si") y el **consecuente** ("entonces").

**Condición necesaria:** Requisito imprescindible para que un **fenómeno** se produzca, sin el cual éste no ocurre. En **lógica**, la CN se relaciona con el **consecuente**: por ejemplo, "Para dar el final hay que (es necesario) sacar 4." Aunque indispensable, la sola presencia de una CN no siempre produce el fenómeno, ya que una condición puede ser necesaria y no ser **condición suficiente**.

Por ejemplo, en la **Argentina** tener treinta años es CN para ser candidato a **diputado**, pero no es condición suficiente: también se debe ser **ciudadano** argentino. Cuando una condición es a la vez CN y condición suficiente, entonces define un hecho.

**Condición suficiente:** "Es suficiente que uno de sus empleados llegue tarde para que se ponga a gritar como loco". En este **enunciado** podemos distinguir el **antecedente** –"es suficiente que uno de sus empleados llegue tarde"– y el **consecuente** –"para que se ponga a gritar como loco"–. Ahora bien, la condición que une al antecedente y al consecuente es suficiente porque, si bien **siempre** y sin excepción que uno de sus empleados llega tarde se pone a gritar como loco, sin embargo, esto no es una **condición necesaria**, dado que puede ponerse a gritar como loco por cualquier otra causa. En un enunciado condicional el antecedente es CS, pero no condición necesaria para el consecuente.

**Condicional:** También llamado **enunciado hipotético, implicación o enunciado implicativo**, el C es la expresión **lógica** del "**si...entonces**", y su signo es la herradura "É" o bien la flecha "›". Ejemplo: "p É q", "Si llueve, entonces voy al cine." El C solamente es falso cuando el **antecedente** es verdadero y el **consecuente** falso; sino es verdadero. El componente que está entre el "si" y el "entonces" es el antecedente o **implicante**, y el que está después de "entonces"

es el consecuente o **implicado**. También puede formularse en el orden inverso: "Te vas a resfriar si no te abrigás".

**Condicional asociado:** Ver **método del condicional asociado**.

**Condicional doble:** Ver **bicondicional**.

**Condicional material:** Ver **condicional**.

**Condiciones antecedentes:** Ver **condiciones iniciales**.

**Conectivas:** Las C lógicas son nexos que unen **proposiciones** formando **proposiciones compuestas**. Los más elementales son: la **conjunción** (y) , la **disyunción** (o), la **negación** (no), el **condicional material** (si...entonces) y el **bicondicional** (si y sólo si). Las C se interpretan por medio de **tablas de verdad**, que indican el **valor de verdad** de las proposiciones compuestas según cuál sea la combinación de valores de verdad de las proposiciones componentes. Hay otra manera de expresar el **significado** de las C usando notación matemática. Se dice que una C es **veritativo-funcional** o que es una **función de verdad** o **función veritativa**, porque se define de la misma manera que las funciones matemáticas: se caracteriza por vincular cada elemento del conjunto dominio a uno y sólo un elemento de otro conjunto (el codominio o imagen). Por ejemplo, la función "más" vincula dos números (del dominio) a un único número; si toma los números 2 y 3 (al elemento del dominio que es el par ordenado <2,3>), la imagen será 5 (ya que 2+3=5). Del mismo modo las C de la **lógica proposicional** vinculan elementos (valores de verdad) de un conjunto dominio a elementos (valores de verdad) de otro conjunto codominio. Por ejemplo, en lógica proposicional: el valor de verdad de (A . B) es V si y sólo si el valor de verdad de (A) es V y el valor de verdad de (B) es V. Si reemplazamos la expresión "el valor de verdad de x" por $f(x)$, la expresión "es" por "=" y "**si y sólo si**" por "**sii**", podemos definir las C del siguiente modo:

*Conjunción*
$f(A . B) = V$ sii $f(A)=V$ y $f(B)=V$

*Disyunción*
$f(A \lor B)=F$ sii $f(A)=F$ y $f(B)=F$

*Condicional*
$f(A > B)=F$ sii $f(A)=F$ y $f(B)=V$

*Bicondicional*
$f(A <> B)=V$ sii $f(A)=f(B)$

*Negación*
$f(\neg A)=V$ sii $f(A)=F$

**Conectivas lógicas:** Ver **conectivas**.

**Conexión causal:** Ver **causa**.

**Conexión necesaria:** En **lógica** dos **proposiciones** tienen una CN cuando es imposible que una sea verdadera sin que lo sea también la otra. En **epistemología** la CN (llamada **necesidad nomológica**)

es una relación que puede darse entre tipos de hechos o entre proposiciones que hablan acerca de tipos de **hechos**. Por ejemplo: "El agua se congela a oć C" significa que *siempre* que se someta una porción de agua a oć C, se congelará (*ceteris paribus*) y por tanto establece una CN o **ley fáctica**, entre el agua y la temperatura. La imposibilidad de que el agua esté a oć C y no se congele no es lógica (ya que no es una **contradicción**) sino **fáctica** y se afirma acerca de hechos conocidos tanto como desconocidos (como los hechos futuros).

**Conjunción: Regla de inferencia** y **conectiva lógica** del "y". Combinación de dos **proposiciones** que forman un **enunciado** mediante la partícula "y", y el signo ".", o bien "^". Por ejemplo, "p . q", "Llueve y hace frío". A las proposiciones que componen una C se las llama conjuntivos o conjuntos. La C de dos proposiciones es verdadera **si y sólo si** son verdaderos las dos proposiciones conjuntas, y es falsa en los demás casos. La regla de la C es: p, q \ p . q.

**Conocimiento *a posteriori*:** Ver *a posteriori*.

**Conocimiento *a priori*:** Ver *a priori*.

**Conocimiento proposicional:** Tipo de **conocimiento** basado en la certeza más o menos fundada acerca de la corrección de ciertas **proposiciones** o afirmaciones (por ejemplo, saber que el radio de la Tierra es de 6.370.000 Km. o que Santa

Rosa es la capital de La Pampa).

**Conocimiento proposicional en sentido débil:** Conocimiento del que se tienen buenas razones para determinar su **verdad**, pero no concluyentes. Es propio de las **ciencias fácticas**.

**Conocimiento proposicional en sentido fuerte:** Conocimiento del que se tienen **pruebas** concluyentes sobre su **verdad**. Es propio de las **ciencias formales**.

**Consecuencia observacional:** Ver **consecuencias observacionales**.

**Consecuencia semántica:** Una **fórmula** o **proposición** es una CS de un **sistema** interpretado **si y sólo si** la **interpretación** le asigna el **valor de verdad** verdadero. Una **fórmula** es CS de otra si no existe ninguna interpretación que haga verdadera a la primera fórmula y no haga verdadera a la segunda.

**Consecuencia sintáctica:** Una **fórmula** es una CS de un **sistema si y sólo si** se puede deducir como **teorema** del sistema, es decir, si es un teorema del sistema. Una fórmula es una CS de otra si existe una derivación en la que la primera fórmula sea la única **premisa** y la segunda fórmula sea la **conclusión**.

**Consecuencias observacionales:** Consecuencias observables derivadas de una **hipótesis fundamental** que contiene términos teóricos (que no pueden observarse directamente). En el **méto**do hipotético deductivo, si una CO es falsa, entonces la **ley** o **hipótesis** ha sido refutada (a menos que se ponga en duda la **validez** del **experimento**). Es decir que la **refutación** de una ley consiste en que una de sus CO no se cumpla. La **forma lógica** de la refutación (*modus tollens*) es la siguiente: H > CO; ¬CO; entonces ¬H. (H es un conjunto de proposiciones que incluye hipótesis generales y afirmaciones sobre las condiciones del experimento). Un ejemplo de CO de la **teoría de la relatividad** de **Einstein** fue la **predicción** correcta de que el campo gravitatorio del Sol curva en cierta medida los rayos de luz que pasan cerca. La teoría de **Newton**, en cambio, no predijo tal desviación por lo que se la consideró refutada. Una CO tiene la forma de un **condicional** (C > E), cuyo **antecedente** describe las **condiciones de contrastación** y cuyo **consecuente** describe el resultado esperado en tales condiciones. Generalmente cuando se formaliza un **razonamiento** de refutación o de **confirmación/corroboración/verificación**, la CO se simboliza con una **letra proposicional** y no como una **fórmula molecular** condicional, debido a que es más económico y lógicamente equivalente.

**Consecuente:** El C es la **proposición** que está a la derecha de la **conectiva condicional material**. En el **condicional** del **lenguaje natural**, es la proposición componente que está después del "**entonces**" (aunque a veces se construye el condicional sin el "entonces", por ejemplo en "Cuando vos vas, yo fui y vine"). En estos casos es recomendable traducir la oración a otra que use el término "entonces": "Si vos vas entonces yo fui y vine", para identificar el C. También llamado **"implicado"**.

**Consistencia: Proposición** que tiene por lo menos un caso verdadero, es decir, cuando en su **tabla de verdad** podemos encontrar por lo menos un caso de sustitución que sea verdadero.

**Consistencia:** En **lógica**, relación de no **contradicción** entre **enunciados** (pueden afirmarse todos a la vez sin que ello sea contradictorio). Se dice de un persona que es consistente cuando sus creencias no son contradictorias. Opuesto: **inconsistencia.**

**Consistencia:** Característica de un **sistema axiomático,** el **término** se usa en dos sentidos. 1. No-**contradictoriedad:** un **sistema** tiene C **si y sólo si** no existe una **fórmula bien formada (fbf)** del sistema que sea **teorema** y cuya **negación** también sea teorema (es decir, el sistema no afirma –no se puede **demostrar** en él- ninguna **contradicción**). 2. C **generalizada:** un sistema tiene C si y sólo si existe una fbf que no es teorema. En un sistema con **negación** las dos propiedades son equivalentes (ya que a partir de una contradicción todas las fbfs se pueden demostrar como teoremas).

**Constante:** Elemento que no varía, sino que permanece igual cualquiera sea el caso. Una C tiene siempre el mismo valor o **interpretación** posible. Por ejemplo, las **conectivas** lógicas (**disyunción, conjunción**, etc) o la fórmula del perímetro del círculo "Perímetro = ►. Diámetro". Aquí, la letra griega sólo puede ser reemplazada por 3.1415... Este valor es una C porque no es posible reemplazarlo por otro valor: por este motivo no es una **variable.**

**Constantes lógicas:** Ver **términos lógicos.**

**Contingencia: Proposición** cuyo **valor de verdad** depende de circunstancias **fácticas**, de **hechos.** En su **tabla de verdad** (ver) hay al menos un resultado de **verdad** y otro de falsedad, según los casos de sustitución. Por lo tanto, no hay **métodos** lógicos para decidir su verdad o falsedad. Se distingue así de la **tautología** y de la **contradicción** cuyos valores de verdad son constantes. Opuesto: **necesidad.**

**Contradicción:** En la llamada **lógica clásica**, es la propiedad de una **proposición** molecular en la que hay una incompatibilidad entre dos proposiciones componentes: "p y no p" o "q entonces no (p y q)", donde si uno es verdadero el otro es falso (por el **principio de no contradicción**). Se trata de una **proposición molecular** siempre falsa. También se llama C a la relación entre dos proposiciones separadas porque si se las afirmara conjuntamente el resultado sería una C del primer tipo. La C es **analíti-**

**camente** falsa, es decir que su falsedad es determinable por métodos lógicos. En su **tabla de verdad** sólo hay resultados falsos.

**Contradicción:** En la **dialéctica** la C es una de las leyes de movimiento y transformación de la realidad: "p y no p" expresan un "juego de oposiciones" entre **tesis** y **síntesis**, del cual surge una superación o **síntesis**, por ejemplo, "r." Así, desde la lógica clásica el **enunciado** "Hay **capitalismo** y no hay capitalismo" es siempre falso. En la lógica dialéctica del **marxismo**, en cambio, puede significar que "Hay capitalismo" (p) porque es el **modo de producción** dominante (tesis) y "No hay capitalismo" (no p) porque en su seno existen las fuerzas que lo niegan: el **proletariado** (antítesis). Como resultado de la **lucha de clases** y el triunfo de la clase revolucionaria, se supera al capitalismo con un nuevo tipo de **sociedad**: el **socialismo** (r, síntesis).

**Contradicción *in adjecto*:** Contradicción formal o en los términos. Por ejemplo, "los sordos oyen".

**Contraejemplo:** Razonamiento que posee igual **estructura lógica** que otro y que –al tener **premisas** verdaderas y **conclusión** falsa- demuestra la **invalidez** del primer razonamiento. Por ejemplo: "Cuando no como pizza, vienen los extraterrestres; pero estoy tomando cerveza y comiendo pizza; luego, no vienen los extraterrestres" es un razonamiento inválido cuya forma lógica es

: ¬P>Q; R y P; entonces ¬Q. Un C apropiado es: "Cuando no duermo bien, hay fuerza de gravedad; anoche tomé un tranquilizante y dormí bien; por lo tanto, no hay fuerza de gravedad".

**Contrafáctico:** Ver **enunciado condicional contrafáctico.**

**Contrariedad:** En la **lógica clásica**, dos **proposiciones** son contrarias cuando no pueden ser verdaderas al mismo tiempo, aunque sí pueden ser ambas falsas. Por ejemplo: "Enriqueta está corriendo" y "Enriqueta está durmiendo" son contrarias en un sentido informal, ya que no se puede a la vez correr y dormir, pero formalmente no lo son (La formalización "p y q" no presenta C). En cambio, en el siguiente ejemplo la C se puede establecer formalmente, haciendo **abstracción** del **significado** de las proposiciones: "p . q" y "¬p . ¬q . ¬r" no pueden ser verdaderas a la vez, pero pueden ser ambas falsas (por ejemplo si p es verdadera y q falsa).

**Corroboración (Karl Popper):** Contrastación positiva de una **hipótesis** que lleva a considerarla momentáneamente cierta mientras que no se le encuentre una contrastación negativa. La C de una hipótesis o **teoría** no significa que aumente la **probabilidad** de que la misma sea verdadera: para Popper la verdad de toda teoría es permanentemente provisoria. Lo que sí produce la C es una mayor **verosimilitud**, una mayor aproximación a la **verdad**. Se diferencia, por lo tanto, de la **confirmación** y de la **verificación**.

**Corroborar (falsacionismo):** Aceptación temporaria de una **hipótesis** a partir de elementos de juicio favorables surgidos de un intento de **refutación** fallido.

**Criterio de confirmabilidad (Rudolf Carnap):** Principio que establece la **estadística** como elemento de **prueba** de una **hipótesis** o **proposición**. Como el **criterio verificacionista** resultó excesivamente riguroso, y gran parte de los **enunciados** científicos no podían ser verificados a la luz de la **experiencia, Carnap** lo sustituyó por el CC, que implica un cierto grado de **probabilidad** y no el establecimiento definitivo de la **verdad** de una proposición.

**Criterio de demarcación científica (Karl Popper):** Al rechazar el **criterio verificacionista del significado** y el **criterio de confirmabilidad, Popper** estableció que una **proposición** es científica sólo si se la puede intentar **refutar** a través de la **experiencia.** Así, partiendo de un **enunciado universal** y ciertas **condiciones iniciales,** se pueden deducir otros **enunciados observacionales,** que pondrán a **prueba** al enunciado universal: si la prueba demuestra la falsedad del enunciado observacional, queda demostrada la falsedad del enunciado universal. Veamos cómo funciona esto en un ejemplo: en 1919 se hizo una **contrastación** midiendo las posiciones aparentes de las estrellas durante un eclip-

se. La **teoría** de **Einstein** predecía que el campo de gravedad del Sol curvaría los rayos de luz cercanos, mientras que la teoría de **Newton** no. El objetivo era determinar el efecto de la gravedad solar sobre la luz observando la posición aparente de estrellas cercanas. El resultado fue favorable para la teoría de Einstein y desfavorable para la de Newton. Según Popper, la teoría de Newton queda refutada o falsada y debe descartarse, lo que no significa que la de **Einstein** se **verifique** o **confirme,** sino que sólo se **corrobora.**

**Criterio verificacionista del significado (positivismo lógico):** El CVS establece que las únicas **proposiciones** que pueden formar parte del cuerpo de la **ciencia** son aquellas que se pueden verificar empíricamente. El CVS fue moderado posteriormente por el **confirmacionismo.** La idea básica, de todos modos, es la misma: en lo único que podemos estar de acuerdo con seguridad es en asuntos simples de **observación empírica** que son accesibles a todas las personas, que no tengan deficiencias sensoriales, por igual (por ejemplo ¿el fuego se puso verde o azul?). Por lo tanto, si limitamos nuestro **lenguaje** de modo que sólo haga referencias a la **experiencia** públicamente observable, nuestro lenguaje será **objetivo** (conservará las propiedades de la experiencia común). ¿Cómo hacemos para que todas las proposiciones de la ciencia, incluso las que son universales y muy abstractas, remitan a lo empírico? Estableciendo que su **significado** y por añadidura, su **valor de verdad**, esté claramente determinado por sus **consecuencias lógicas** que predigan resultados observables públicamente (las llamadas **consecuencias observacionales**).

**Cuadro de oposición:** Relaciones entre las **modalidades aléticas** (ver). Denominación que la **lógica** tradicional impuso a las relaciones entre los distintos tipos de **proposiciones modales**.

**Cuantificador:** Notación **lógica** que establece la extensión o cantidad de una **proposición**. Son muy útiles porque abrevian la escritura de expresiones. Hay dos tipos: **C universal** y **C existencial**. Por ejemplo, la proposición "Todos los perros ladran" se formaliza con el C universal: (x) (Px⊃Lx) y se lee: "Para todo x, si P se predica de x entonces L se predica de x", o bien reponiendo los predicados: "Para todo x, si x es un perro entonces x ladra".

<table>
<tr><td>Verdad necesaria<br>Falsedad imposible</td><td>Contrariedad</td><td>Verdad imposible<br>Falsedad innecesaria</td></tr>
<tr><td></td><td>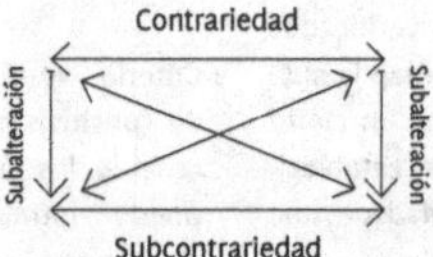</td><td></td></tr>
<tr><td>Verdad posible</td><td>Subcontrariedad</td><td>Falsedad posible</td></tr>
</table>

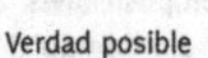


**Cuantificador existencial:** Expresión que hace referencia a algunos miembros de una clase –pero no a todos–. Se representa con (Ex) y sus locuciones son: Algún/as/a/o/os, Algunas cosas, Hay, Hay cosas, Cierta/s Cosa/s. Por ejemplo: "Algunos globos son blancos" se formaliza así: (Ex) Gx . Bx (se lee: "existe al menos un equis tal que G y B se predican de equis" o "Existe un x tal que x es un globo y x es blanco"). Si hay una fórmula como "Pa" (cualquier proposición singular como "René es una rana") puedo inferir de ella el correspondiente existencial: "(Ex) Rx" ("Existe al menos una rana"). El **significado** del CE se define así: la proposición que se forma con el CE y el **predicado** £ es verdadera **si y**

**sólo** si es verdadera la sustitución de la **variable** libre de £ por una **constante** (de individuo), para al menos una constante del **lenguaje** L. Donde L es el lenguaje de predicados en el que se está trabajando y £ es una variable que puede reemplazarse con cualquiera de los predicados de L. Esta definición pertenece al **metalenguaje** de un lenguaje al que pertenece el cuantificador y por eso no escribimos "Px" (que es una fórmula del **lenguaje objeto**) sino £ que es la expresión **metalingüística** que nos permite hablar sobre el **lenguaje objeto** y en particular, sobre todos los predicados de dicho lenguaje de manera general. Opuesto: **cuantificador universal**.

**Cuantificador universal:** Expresión que hace referencia a todos los miembros de una clase. Se representa con (x) y sus locuciones son: Todo/s, Cualquier/a, Cualquier cosa, Nada sino. Por ejemplo: "Todos moriremos" se formaliza: (X) Fx (se lee: para todo equis F se predica de equis). Y "Todos los cuervos son negros" se formaliza así: (x) Cx⊃Nx. A partir de esta **proposición** puede inferirse "Ca . Na" ("Un cuervo determinado, al que llamamos *a*, es negro" siendo "a" una **constante** cualquiera del **lenguaje** en cuestión). El **significado** del CU se define así: la proposición que se forma con el CU y el **predicado** £ es verdadera **si y sólo si** es verdadera la sustitución de la **variable** libre de £ por una constante (de individuo), para todas las constantes del lenguaje L. Donde L es el lenguaje de predicados en el que se está trabajando y £ es una variable que puede reemplazarse con cualquiera de los predicados de L. Esta definición pertenece al **metalenguaje** del lenguaje al que pertenece el cuantificador y por eso no escribimos "Px" (que es una fórmula del **lenguaje objeto**) sino £ que es la expresión **metalingüística** que nos permite hablar sobre el **lenguaje objeto** y en particular, sobre todos los predicados de dicho lenguaje de manera general. Opuesto: **cuantificador existencial.**

# D



**Deaño, Alfredo (1944-1978):** Filósofo y lógico español, recibió influencias de **Aristóteles** y **Wittgenstein**. Entre sus obras principales encontramos a: *Introducción a la lógica formal* (1975).

**Decisión:** En **lógica**, el resultado de un procedimiento es decidible si hay reglas que puedan aplicarse mecánicamente para realizarlo. Por ejemplo, es decidible la **validez** de las **inferencias** de la **lógica proposicional** porque puede aplicarse el **método** de las **tablas de verdad** que es completamente mecánico. Pero no es decidible, por ejemplo, la demostración de cierto **teorema** en un **sistema axiomático**. Hay varias maneras distintas de demostrar el mismo teorema pero encontrar una de ellas supone cierto ingenio o creatividad. Una vez que tenemos la **demostración** sí hay un procedimiento de D para saber si se trata de una demostración legítima o si tiene algún error en alguno de los pasos inferenciales. Es decir que la construcción de la **prueba** no es decidible pero sí lo es su inspección.

**Deducción: 1.** Procedimiento estrictamente reglado para obtener **proposiciones** o pseudo-proposiciones (**símbolos sin significado**) a partir de otras. Puede llevarse a cabo en el **lenguaje natural**, oral o escrito, y en un **lenguaje artificial**. En este último caso se llaman **fórmulas** a los **signos** que representan proposiciones y se ordenan una debajo de la otra. Hay muchos **sistemas** de reglas para la D pero son todos equivalentes: lo que tienen en común es que sólo permiten razonar de manera válida, es decir, de manera que nunca suceda que las premisas sean verdaderas y la conclusión falsa. (Lo que es tautológico es el **razonamiento** tomado como **afirmación**; ver **método del condicional asociado**). **2.** Se llama D a la sucesión finita de fórmulas escritas que cumplen con las **reglas de transformación** de un **sistema lógico** (para esta acepción ver **derivación**). **3.** En particular se llama D a los razonamientos válidos que parten de **enunciados generales** o **universales** (premisas) y llegan a **enunciados particulares** deducidos de ellos, o **conclusiones**. Se maneja con el esquema "regla › caso › resultado" y es frecuente en el **método hipotético-deductivo**, pero ésta es sólo una de muchas formas de deducir, y no es una propiedad esencial de la D ir de lo general a lo particular, ya que hay D que no lo hacen. Por ejemplo, la regla *modus ponens* es "Si a, entonces b; y b; (se deduce que) a". También se dice que es una **inferencia** que pretende que la **conclusión** se desprenda en forma necesaria de las **premisas**, de un modo puramente formal. Para Cohen y **Nagel**, la verdadera diferencia entre D e inducción es que la D no se ocupa de la **verdad** o falsedad de sus premisas, mientras que la esencia de la **inducción** es establecer la verdad material de las premisas.

**Deducción natural:** Un **sistema** de DN está constituido por un **lenguaje artificial** L (el conjunto de **símbolos** y las **reglas de formación** que permiten determinar cuáles combinaciones de símbolos se consideran **fórmulas bien formadas** –fbf– del sistema) y por **reglas de transformación** (que indican qué fbfs se pueden afirmar, o escribir, sobre la base de otras fbfs). Hasta aquí hemos definido un **sistema formal**. Si además el sistema tiene una **interpretación** I (es un diccionario que asigna **significado** a las variables, por lo que dejan de ser **variables**), es un sistema interpretado o informal. Se llama "natural" a este tipo de deducción porque sus **derivaciones** se parecen más a los razonamientos humanos, que se hacen en el **lenguaje natural**, que las derivaciones de un **sistema axiomático**. Una regla frecuente en estos sistemas es la que permite cancelar supuestos. Por ejemplo, supongo "hay (existe al menos) un hombre" y supongo "todos los hombres son inmortales". Luego derivo "Hay un hombre que es inmortal". Las dos últimas proposiciones son falsas, pero si cancelo el segundo supuesto puedo extraer la poca verdad que esconde este razonamiento: "Si todos los hombres fueran inmortales, habría un hombre inmortal". (Si cancelo además el primer supuesto, queda: "Si todos los hombres fueran inmortales y si hubiera un hombre, habría un hombre inmortal"). Es decir que lo que permite esta regla es transformar un razonamiento válido en una **tautología** (del mismo modo que lo hacemos en el **método del condicional asociado**) y en el mismo acto demostrar la tautología como **teorema**.

**Deductivismo:** Ver **método deductivo**.

**Definición:** Manifestación de lo que significa un **signo** o grupo de signos. Se compone de un *definiens* (signos que definen) y un *definiendum* (signo a definir). Funciones de la D: aumentar el vocabulario, eliminar la **ambigüedad**, reducir la **vaguedad**, etc. Para muchos autores, dar una D del concepto "F" es dar **condiciones necesarias** y **suficientes** para que una cosa sea F.

**Definición aclaratoria: Definición** que busca eliminar la **vaguedad** de un término. El *definiendum* no es un término nuevo, sino que tiene un uso establecido, pero vago. Pero en otro sentido la DA, define un término nuevo ya que se trata de un término menos vago y por tanto diferente. Una DA se juzga como correcta o incorrecta de acuerdo a algún propósito: puede desearse conservar intacta la extensión del término original, o bien conservar alguna parte considerada importante del concepto original, a pesar de que la extensión del concepto nuevo sea diferente, etc. Por ejemplo, "país democrático" puede ser definido como "país con **elecciones** y **Parlamento**".

**Definición conceptual: Definición** de una palabra mediante otras palabras. El diccionario se basa en este tipo de defini-

ción. Opuesto: **definición ostensiva**.

**Definición connotativa:** Procedimiento que consiste en ofrecer los sinónimos de una palabra para definirla ("**definición por sinonimia**").

**Definición contextual:** Tipo de **definición** donde se comunica el **significado** de una palabra incluyéndola en un contexto característico, de tal modo que la comprensión del conjunto de una frase o párrafo permite entender lo que una palabra quiere decir. Por ejemplo, si un periódico norteamericano informa que en las **elecciones** de su país se impuso "la **izquierda**", debemos tener en cuenta que en el contexto de la **política** de EE.UU., la izquierda no tiene nada que ver con el **socialismo**, sino que refiere al **Partido Demócrata**, de tendencia **liberal** (a la izquierda, si se quiere, del **Partido Conservador**, pero decididamente no "de" izquierda). Así, el significado del término "izquierda" surge implícitamente del contexto.

**Definición denotativa:** Ver **definición por ejemplos**.

**Definición designativa:** Ver **definición por ejemplos**.

**Definición estipulativa:** Es la que se da a un **término** totalmente nuevo, cuando se lo usa por primera vez. A veces se las llama **definiciones nominales** o **definiciones verbales**. Es muy usado en fórmulas, para economizar esfuerzos; por ejemplo, el exponente en matemáticas ($A9 = B$, es mejor que A X A X A X A X A X A X A X A X A = B). Otro ejemplo: si se nos antoja llamar "Catacuaz" a una persona desgarbada y extravagante. Las DE no son ni verdaderas ni falsas, sino útiles o inútiles, claras o confusas, etc. La adopción de un término por parte de una **comunidad lingüística**, convierte a la DE en **definición informativa**.

**Definición explicativa:** Una DE ayuda a decidir sobre los casos límite. Por ejemplo, los movimientos que se oponen al aborto dicen defender la vida, lo que requiere una definición más precisa de lo que es "vida". La DE difiere de la **definición estipulativa**, porque en la primera el *definiendum* no es un nuevo término sino que ya está en uso, aunque es vago. Los que elaboran una DE no tiene libertad para proponer cualquier **significado**, pero deben ir más allá del uso establecido, con el fin de reducir la **vaguedad**.

**Definición funcional:** Consiste en determinar la **extensión** de un **término**, es decir, el conjunto de cosas de las que se predica el término, describiendo la **función** que tales cosas tienen en un **sistema**. Por ejemplo: "El **Estado** es el organismo que tiene el monopolio de la violencia física."

**Definición informativa:** **Definición** de un **término** estableciendo cuál es el uso que de él hace cierta **comunidad lingüística**. Por ejemplo, "gilipollas", en

**España**, significa "tonto". Sinónimo: **definición lexicográfica**.

**Definición instrumental:** Ver **definición operacional**.

**Definición intensional:** **Definición** de las **características definitorias** de un **concepto**.

**Definición lexicográfica:** Tipo de **definición** que elimina la **ambigüedad** y enriquece el vocabulario, pero cuyo **signo** – sin embargo- no es nuevo, sino que ya tiene un uso establecido. Puede ser verdadera o falsa, en el sentido de que representen o no el uso real ("una montaña es una figura plana" es falsa, ya que el *definiendum* tiene un **significado** anterior). No importa si el *definiendum* habla de cosas que existen o no ("unicornio" tiene definición, aunque no exista ninguno real, es decir, aunque el concepto tenga una **extensión** vacía). También llamada **definición informativa**.

**Definición nominal:** **Definición** de los nombres o palabras que hablan de una cosa. Opuesto: **definición real**.

**Definición operacional:** Tipo de **definición** (también puede ser una **hipótesis**) que enlaza **definiciones teóricas** con el terreno **empírico**. Son instrucciones por medio de las cuales se relaciona el objeto empírico con su formulación teórica. El **concepto** a estudiar es el mismo, sólo que se le busca una forma operacional para encontrar los **datos** empíricos que permitan comprenderlo. Por ejemplo, definir "inteligencia" en base al puntaje que obtiene un **individuo** en un test que mide el coeficiente intelectual.

**Definición ostensiva: Definición** que da ejemplos de la utilización de un **concepto**, generalmente por medio de gestos (por ejemplo, señalando con el dedo). Siendo la forma más primitiva de definición, tiene el defecto de la imprecisión o la **ambigüedad**: por ejemplo, si un niño nos pregunta qué es "nieve" y le mostramos con el dedo un paisaje de Bariloche, quizá no pueda distinguir a la nieve de las montañas.

**Definición persuasiva: Definición** con **función expresiva** que busca influir en las actitudes de los demás. Cualquier definición puede ser persuasiva, si está formulada en un **lenguaje** emotivo (por ejemplo, "aborto" puede definirse como "asesinato de seres humanos indefensos" o "derecho a la libertad de la mujer a decidir sobre su cuerpo").

**Definición por ejemplos:** Ver **definición por enumeración.**

**Definición por enumeración:** Consiste en dar de una palabra una lista de ejemplos de aquellos objetos que la palabra denota. Por ejemplo, definir "diario" diciendo "Clarín", "Crónica", "La Nación", etc. Esta **definición** no da un criterio para la aplicación de la palabra, es decir, no determina la **exten-**

**sión** de la palabra, porque la lista de ejemplos que se haya escogido es común a **conceptos** con diferente extensión. "Clarín", "Crónica", "La Nación" son ejemplos de diarios pero también de publicaciones argentinas y también de cosas hechas con papel, etc. Incluso en el caso poco probable en el que se dé una enumeración completa de todos los ejemplos, una DPE no alcanza para comprender el **significado** de un **término**, ya que la extensión no determina una **intensión**. Una enumeración completa de los objetos a los que determinada palabra denota ofrece un criterio de aplicación de la misma en un sentido trivial.

**Definición por sinonimia:** Ver **definición connotativa.**

**Definición real: Definición** de la naturaleza de una cosa, del **objeto** en sí y no de la palabra que lo designa. Según algunos autores, este tipo de definición no es posible, porque de lo que hablan las definiciones es de palabras, no de objetos. Opuesto: **definición nominal.**

**Definición teórica: Definición** que trata de formular una definición teóricamente adecuada de los objetos a los que se aplica. Por ejemplo, el calor era definido de una manera, hasta que apareció una nueva teoría que cambió la definición. Se las llama también **analíticas.**

**Definición verbal: Definición** del **significado** de una palabra con otras palabras. La DV es la utilizada, por ejemplo, por el diccionario. Sinónimo: **definición conceptual.**

*Definiendum*: Parte de la **definición** que expresa el **símbolo** a definir. Por ejemplo: "perro". Opuesto: *definiens*.

*Definiens*: **Enunciación** del **significado** de un término. Parte de la **definición** que está dada por los **símbolos** que se usan para definir al *definiendum*. Por ejemplo: "animal de cuatro patas", para definir "perro".

**Demostración:** En un **sistema axiomático** y en un sistema de **deducción natural**, una D es una secuencia de **fórmulas bien formadas** que, o bien son **axiomas**, o bien se deducen de fórmulas anteriores a partir de la aplicación de las **reglas de transformación**. Por lo tanto, es una **derivación** sin **premisas**. La última fórmula de la D es un **teorema** del sistema (ver derivación).

**Demostración directa:** Demostración (ver) que no es una **demostración por el absurdo** (ver).

**Demostración por el absurdo:** Método que toma como **premisa** la **negación** de una **proposición** que se quiere demostrar (no p), para derivar, por la aplicación de las **reglas de inferencia**, alguna **contradicción**. Los **sistemas** de **lógica clásica** permiten sacar la **conclusión** de que el supuesto original es falso (no no p = p), ya que de él se siguen contra-

dicciones. Por ejemplo: premisa 1: "Si no gano al truco, lavo los platos", premisa 2: "Si no gano al truco, no lavo los platos", Conclusión a la que se quiere llegar "Gano al truco". Lo primero es suponer la **negación** de la conclusión esperada: (1) "No gano al truco" (ahora hay que derivar una **contradicción**); (2) "lavo los platos" (*modus ponens* de la premisa 1 y (1)); (3) "no lavo los platos" (*modus ponens* de la premisa 2 y de (1)); (4) "lavo los platos y no lavo los platos" (la contradicción se obtuvo por **conjunción** de (3) y (2)); (5) "No no gano al truco" (se ha negado el supuesto inicial porque llevó a una contradicción) y (6) "Gano al truco" (por la regla que dice que la doble negación de cualquier proposición p es equivalente a p). Opuesto: **prueba directa.**

**Derivación:** Toda D forma parte de un **sistema.** El sistema puede ser axiomático o de **deducción natural.** Una D en un **sistema axiomático** es una secuencia finita de **fórmulas bien formadas** (fbfs) del sistema tal que cada **fbf** es o bien un **axioma** o bien se sigue de una fbf anterior por la aplicación de una **regla de inferencia** o bien es un supuesto (o **premisa**). Si ninguna de las fbfs es un supuesto la D es una **demostración.** En los sistemas de **deducción natural** no hay axiomas y tienen una regla de transformación que permite cancelar supuestos (ver deducción natural), por lo que D se define como una secuencia finita de fbfs que o bien son supuestos (cancelados o no) o bien se siguen de fbfs anteriores por la aplicación de las **reglas de transformación**. Si ninguna de las fbfs de una D es un supuesto no cancelado, la D es una **demostración**.

**Diagramas de Euler-Venn:** Ver **diagramas de Venn**.

**Diagramas de Venn: Método** gráfico que se utiliza para representar relaciones entre conjuntos, a través de círculos o curvas cerradas, dentro de los cuales se simbolizan determinados elementos. Llamados así en honor a su inventor, el lógico inglés John Venn, sirven para expresar **proposiciones categóricas** típicas, mediante el sombreado o insertando en algún diagrama una 'x'. Así, se cuenta con un diagrama para cada una de las cuatro proposiciones categóricas de la forma típica. El primero en usarlos fue L. Euler, por lo que también se los conoce como **diagramas de Euler-Venn**. INSERTAR GRÁFICOS ("Particulares" y "Universales", archivos de Paint)

**Dialéctica: Método** de enseñanza filosófica utilizado entre otros por **Sócrates** y **Platón**. Consistía en el arte de preguntar y responder utilizando interlocutores, reales o imaginarios, con el objetivo de reflexionar sobre ciertos temas, persuadir a los demás o encontrar la **verdad**. La D era un método argumentativo que resaltaba las **contradicciones** en el **razonamiento** de los interlocutores, fomentando la discusión. Así, comenzó a definirse a la D como a un proceso por el que **fenómenos** contrarios se enfrentan produciendo un tercer fenómeno superador que los contiene a ambos, transformándolos. La D se basa en una **estructura** triádica: **tesis**, **antítesis** y **síntesis**. En **Hegel**, esa tríada representa el movimiento, conflicto y superación de las **ideas**, donde la síntesis se convierte en nueva tesis, que tendrá una nueva antítesis y de la que surgirá una nueva síntesis, y así sucesivamente, en un movimiento de espiral ascendente. En **Marx**, la D representa el movimiento, conflicto y superación en la **lucha de clases** y las **relaciones de producción** histórico-materiales de la Humanidad. Según su propia definición, Marx puso "patas para arriba" a Hegel: tomó de éste la D, pero desechó el **idealismo** y adoptó el **materialismo**. El cambio y el conflicto son permanentes, pero son los cambios materiales los que explican los cambios en las ideas (y no al revés, como creía Hegel). Partiendo de los análisis de **Engels**, puede hablarse de un **materialismo dialéctico marxista**, aunque el llamado **marxismo vulgar** –particularmente el **soviético** en la era **stalinista**- implicó una polémica reformulación –y deformación- del mismo. También hay autores que plantean una **lógica D**, diferente de la **lógica clásica**, basada en tres grandes **leyes de la D**: la ley del paso de la cantidad a la cualidad, la ley de la interpenetración de los opuestos o contrarios, y la ley de la **negación de la negación**.

**Dilema:** Elección entre dos alternativas que se excluyen mutuamente.

Por ejemplo, "voy al norte" y "voy al sur". En **lógica**, **silogismo proposicional** (llamado también silogismo con "dos cuernos" (*syllogismus cornutus*)) que combina **proposiciones condicionales** en **conjunción** con **proposiciones disyuntivas**, que señalan las alternativas del D. Por ejemplo: ((p›r) . (q›r) . (p v q)) ›r. También se llama D a una oposición entre dos tesis tal que sólo una de las dos puede ser verdadera (**disyunción exclusiva**).

**Disjunción:** Ver **disyunción**.

**Disyunción: Juicio** en el que se formula una alternativa: una cosa o la otra. Operador lógico del "o". Combinación de dos **proposiciones** mediante la partícula "o", y el signo "v" . Ejemplo: "p v q", "Voy al teatro o voy al cine". Hay dos tipos de D: **D exclusiva** y **D inclusiva**.

**Disyunción exclusiva:** La DE o fuerte es la que sólo admite una de las dos alternativas: "Hoy es lunes u hoy no es lunes" o bien "vamos a la costa o a las cataratas, no a ambos". Así, la DE es falsa cuando ambas **proposiciones** son falsas y cuando ambas son verdaderas, sino es verdadera. Se le suele agregar la expresión "pero no ambos" o alguna equivalente. Utiliza el signo "w".

**Disyunción inclusiva:** La DI o débil es verdadera si uno de los disyuntivos o ambos lo son, y sólo es falsa en caso de que ambos sean falsos. Ejemplo: "No te dejaré salir con tus amigos en caso de que no estudies o te portes mal", cuya forma es: (¬p v q)›¬r.  Utiliza el signo "v".

**División:** Tipo de **falacia de ambigüedad** que dice que lo que es cierto de un todo es cierto para cada una de sus partes. Por ejemplo, si decimos que la empresa Sevel es muy importante, y sostenemos que el obrero Pérez (que trabaja en Sevel, y por ello es parte de la empresa) es muy importante, se comete esta falacia. También se da en el siguiente ejemplo: "Los perros son comunes, los pekineses son perros, por lo tanto los pekineses son comunes".

# E

**Elemental:** Lo que se basa en los elementos mínimos, básicos e indivisibles, como las letras, los puntos, los **términos primitivos** o los átomos.

**Elementos definidos:** Ver **términos definidos**.

**Elementos primitivos:** Ver **términos primitivos**.

**Empirismo:** (Del griego *empeiría* = experiencia). Posición que afirma que todo **conocimiento** debe fundamentarse en la **experiencia** (*a posteriori*) y se deriva de los **hechos**. Los supuestos básicos del E son: que la **ciencia** comienza con el **método inductivo**, es decir con la

**observación**, que proporciona una base segura a partir de la cual se puede derivar el conocimiento. Cuando la **empiria** es analizada teóricamente, se convierte en científica. El E se inició con Francis **Bacon** y Thomas **Hobbes**, siendo luego continuado por el **positivismo** y el **neopositivismo**. Son exponentes importantes del E, además de los mencionados, **Locke**, **Berkeley** y **Hume** (**E inglés**). El saber, para el E, es un auxiliar de la acción práctica; el conocimiento no tiene una base racional, pero es válido porque es útil para la supervivencia. El E entiende a la conciencia como una hoja en blanco o *tabula rasa*, donde no existen ideas innatas. Esa hoja sólo es llenada de contenido por los **datos** de la experiencia. De este modo, para el E el pensamiento es un conjunto de sensaciones transformadas. Por ello, se maneja con **proposiciones sintéticas**. Opuesto: **racionalismo** e **innatismo**.

**Empirismo abstracto:** Endiosamiento del **dato** y las técnicas cuantitativas, reduciendo al mínimo la importancia de la **teoría**. Es una de las principales críticas que se le hacen al **positivismo**.

**Empirismo ingenuo:** Ver **inductivismo ingenuo**.

**Empirismo inglés (Inglaterra, siglos XVII-XVIII):** **Empirismo** moderno cuyas figuras centrales son **Locke**, **Berkeley** y **Hume**. Estos autores sostenían que todo el **conocimiento** se inicia en la **experiencia** y debe fundarse en ella. Desarrollaron sus ideas en un marco conceptual **cartesiano**. Su preocupación central no era la fundamentación de las **ciencias naturales** sino la de abordar cuestiones morales.

**Empirismo lógico:** Ver **positivismo lógico**.

**Énfasis:** Tipo de **falacia de ambigüedad** consistente en un cambio en el **significado** por un E en ciertas palabras. Por ejemplo, "No debemos hablar mal de nuestros amigos", leído sin énfasis, es correcto. Pero si se subraya *"nuestros amigos"* se puede suponer que sí puedo hablar mal de los que no son *mis* amigos. También se podría interpretar que podemos hacerle mal a nuestros amigos, a condición de que sea silenciosamente. Los periódicos suelen utilizar la **falacia** del E para vender más: si el título del diario dice **"Golpe de Estado en Bolivia"**, uno creerá que, efectivamente, así ha sido. Pero, en letras más pequeñas, el diario agrega: "temen las autoridades". Otra forma podría ser la siguiente: con la intención de culpar a cierta persona de una conducta incorrecta, se puede decir: "Hoy Juan no le pegó a su mujer", dando a entender que habitualmente sí lo hace.

**Ensayo y error (Karl Popper):** Método utilizado por el **falsacionismo** por el cual –a través de **hipótesis** audaces que se exponen o se arriesgan a la **refutación**- la **ciencia** progresa. Por medio del EYE, se van eliminando las **conjetu-**

ras o hipótesis erróneas -es decir, las que han sido refutadas- mientras que las que resisten a la refutación –las que son **corroboradas**- se conservan de manera provisoria.

**Entendimiento:** En **Platón** y **Aristóteles**, **razón instrumental**, opuesta a la **razón** propiamente dicha. **Kant** define al E como la cualidad del espíritu que permite organizar los materiales que le proporciona la percepción sensible. Capacidad humana de penetrar en las cosas sensibles y abstraer de ellas el **universal**, representándolo en forma de **concepto**. Para **Hegel** -a diferencia de Kant- el saber del E es una forma inferior de **conocimiento**, ya que aísla las cosas planteando "o es esto o es aquello" y –de ese modo- acepta las cosas tal como se las ve a simple vista. Opuesto: razón.

**Entinema (Aristóteles):** Especie de **silogismo** abreviado o incompleto, donde se sobreentiende una de las **premisas**, adoptando la forma de un silogismo de dos **proposiciones**. Es una de las formas más cotidianas del **discurso**. Sus premisas son sólo probables, se basa en la **verosimilitud** (indicios más o menos probables). El E tiene como finalidad dirigir la acción, orientar el juicio. No explica ni demuestra nada, sólo impone lazos deductivos entre **enunciados**. Por ejemplo, "River juega de local contra Atlético Rafaela, por lo tanto ganará".

**Entonces: Signo** que indica que la **pro-** posición que viene a continuación es una **consecuencia** de algo. Ese "algo" es otra proposición que, o bien ha sido ya expresada, o lo será a continuación, o bien puede suplirse por el contexto. En **lógica** es un indicador de que hay una **implicación** o un **condicional**, por lo general, un **condicional material**.

**Enunciado: Afirmación** o **proposición** sobre cierta parte de la realidad, resultado de una **enunciación**. **Objeto** observable, la manifestación aquí y ahora de una **oración** con **función informativa**, susceptible de ser verdadera o falsa. Por ejemplo: dos personas distintas dicen en distintos momentos "Hace frío." La oración es la misma, pero el E es distinto. En él se reconocen dos niveles: el enuncivo -la información o la **historia** contenida y transmitida- y el enunciativo -el proceso de enunciación por el que un yo es responsable de ese E-. El primero -lo enunciado- es explícito y posee **sujeto**, verbo y **objeto**; el segundo -la enunciación- es implícito y también posee su propio sujeto, verbo y objeto. Por ejemplo, en el E "Juan está comiendo caramelos", "Juan" es el sujeto, "comer" es el verbo y los caramelos son el objeto construido en el E. El sujeto de la enunciación, en cambio, es el que haya dicho el E, el verbo es el decir -el cual siempre expresa una acción transitiva- (siempre se dice a alguien, un *tú*), y el objeto de la enunciación es el E "Juan está comiendo caramelos." El objeto del E y de la enunciación es a lo que se orienta la acción del sujeto, por lo que entre el sujeto y el objeto existe algo que los une. El E es el resultado de una enunciación concreta y determinada, única e irrepetible. A su vez, puede permanecer aún cuando el **emisor** ya no se encuentra en el lugar, pero da cuenta de esa situación.

**Enunciado *a posteriori*:** Ver *a posteriori*.

**Enunciado *a priori*:** Ver *a priori*.

**Enunciado accidental: Enunciado** que se refiere a un número limitado de elementos, de modo que se trata de todos los elementos de una clase, con la aclaración de que esa clase es finita. Por ejemplo, "Todas las cuerdas de la guitarra de Tomás están oxidadas". Más conocido como **generalización accidental** (ver).

**Enunciado analítico: Enunciado** cuya **verdad** puede determinarse con independencia de los **hechos**, atendiendo exclusivamente a la relación interna entre los **términos** que lo componen. Son casos de EA los **enunciados lógicos**, los **enunciados por sinonimia** y los **enunciados definicionales**, mientras que no hay unanimidad en el caso de los **enunciados matemáticos** y geométricos. Por ejemplo: "La empanada lleva harina" o "p > p". Para determinar si un enunciado es **analítico** es menester conocer el contexto. El primer ejemplo es analítico si suponemos un **sistema** o algo parecido (la **lengua** castellana) en el cual

la propiedad de hacerse con harina forma parte de la definición de "empanada". En el segundo caso se supone un sistema regido por la **lógica clásica** en el que la flecha tenga el **significado** de **condicional material**. Opuesto: **enunciado sintético**.

**Enunciado anfibológico:** Ver **anfibología**.

**Enunciado atómico: Enunciado simple** o de una única **proposición** en el cual no hay ninguna **conectiva** lógica. La suma de EA y conectivas lógicas forma a los **enunciados moleculares**. "No llueve" no es un EA porque puede analizárselo como "No" (conectiva) + "llueve" (éste sí es un EA). "Andrea caminó hasta caer rendida" tampoco es un EA sino que es una conjunción de dos EA: "Andrea caminó" + "y" + "Andrea cayó rendida". Como puede verse, en el **lenguaje** lógico se pierden muchos matices del **lenguaje natural**. Un regla simple para identificar un EA es la de que debe tener un solo verbo cuya persona (en el verbo y en el **sujeto** gramaticales) sea singular (por ejemplo, "María y José discutieron" = "María discutió con José" + "y" + "José discutió con María").

**Enunciado básico: Popper** los denominaba **enunciados de base**, que son aquellos **enunciados empíricos** que tienen la forma de un existencial singular, es decir, **enunciados** que atribuyen a determinada entidad cierta propiedad observable (en determinado momento y en determinado lugar), pero que son planteados a la luz de determinada **teoría** (no surgen en forma espontánea como **datos** aislados, como sostenían los **inductivistas ingenuos**). Por ejemplo, es un EB "En el lugar E y en el instante T hay un cuervo negro". De todas formas, para Popper –postura anti-inductivista- los enunciados sólo pueden ser justificados a partir de otros enunciados y no a través de la **experiencia** o percepción humana –donde tratamos con **fenómenos** y no con enunciados-. Los EB surgen de un acuerdo o decisión compartida por la **comunidad científica**, es decir que se trata de convenciones. Desde una postura **inductivista**, puede definirse también al EB como una **proposición** que pretende expresar el valor **fáctico** o **dato** experimental. Así, O. Neurath habla del **enunciado protocolario** o **cláusula protocolaria**, **Carnap** del **enunciado de observación**, mientras que **Wittgenstein** le llamaba **enunciado elemental** y Schlick lo denominaba constatación.

**Enunciado compuesto:** Ver **enunciado molecular**.

**Enunciado condicional:** Ver **condicional**.

**Enunciado condicional contrafáctico:** Su **estructura lógica** es A entonces B (Si hubiera ocurrido A, entonces habría ocurrido B). Se distingue del **enunciado condicional material** por su **tabla de verdad**: si el **antecedente** es falso el enunciado condicional material es verdadero pero el ECC no lo es. Se introdujo esta no-

ción en **epistemología** para poder expresar formalmente relaciones causales (si no hubiera ocurrido ‹la causa› no habría ocurrido ‹el efecto›) y **propiedades disposicionales**, como "ser soluble en agua", por la siguiente razón: queremos definir "solubilidad" como: "Si lo sumerjo en agua *entonces* se disuelve" (p › q), pero si se interpreta el "entonces" como material la definición es equivalente a "O bien no lo sumerjo en agua o bien se disuelve" (¬p ∨ q, porque la tabla de verdad es equivalente). Y entonces estaríamos diciendo que son solubles en agua todas las cosas que no fueron sumergidas en agua, además de las que efectivamente son solubles. Si se interpreta como ECC esto no sucede, ya que se supone la **verdad** del **antecedente**, sin importar que sea contra-fáctico (que de hecho no sea verdadero, que hable de algo que sucederá en el futuro, etc). Estrictamente, un ECC no es un condicional material del que se supone que su antecedente es verdadero sino que se trata de un enunciado de una **lógica** diferente, la lógica modal, que no habla de un mundo (éste, en el cual hay muchas cosas que jamás han sido sumergidas en agua) sino de todos los mundos posibles (incluyendo los mundos imaginables en los que esas cosas sí fueron sumergidas en agua y algunas se disolvieron –las cosas solubles- y otras no). Un EEC supone que hay alguna clase de conexión entre antecedente y **consecuente** que puede ser una **ley** natural, sociológica, un principio explicativo, etc.

**Enunciado contingente:** Forma de **enunciado** que tiene en sus ejemplos de sustitución tanto enunciados verdaderos como falsos. Todo enunciado cuya forma es **contingente** es un EC y por tanto no es ni tautológico ni contradictorio. Por ejemplo: "Los metales se dilatan con el calor", que si bien es una **ley** natural no es tautológica o, lo que es lo mismo, su **negación** no es una **contradicción** lógica.

**Enunciado de base:** Ver **enunciado básico.**

**Enunciado de nivel 1 (Gregorio Klimovsky):** Enunciado **singular empírico** básico, que describe, analiza y registra **datos** a partir de **observaciones** de la **base empírica.** Por ejemplo, "Este papel tornasolado cambiará de color al sumergirlo en el líquido".

**Enunciado de nivel 2 (Gregorio Klimovsky): Generalización empírica** basadas en **términos** observacionales o a lo sumo preteóricos. Pueden ser **enunciados universales, enunciados estadísticos** o **enunciados existenciales** y cumplen la función de clasificar, relacionar y generalizar. Por ejemplo, "El 78 % de los españoles apoya el divorcio".

**Enunciado de nivel 3 (Gregorio Klimovsky): Enunciado teórico** puro o mixto (contiene al menos un **enunciado observacional,** llamados también reglas de correspondencia). Su función es relacionar **teoría** y **empiria.** Por ejemplo, "La

fobia es una **histeria** de angustia extrema".

**Enunciado de observación:** Ver **enunciado básico.**

**Enunciado de valor:** Enunciado que contienen un **deber ser** que pretende dar un **sentido** o **significado** a la **conducta** práctica humana. Por ejemplo: "Hay un único **método** para todas las ciencias: el de la física" que por lo general quiere decir "La **ciencia** no debe salirse de esos cánones, y si lo hace debemos mirar con desconfianza sus resultados y no llamarlos científicos". O bien "Picasso fue un genio".

**Enunciado definicional:** Enunciado **analítico** que es una **definición** parcial o completa. Es analítico porque precisamente está estableciendo una relación de equivalencia entre **términos** (los que nombran lo definido y los que componen la definición). Según Saul Kripke los ED de las **ciencias fácticas** son *a posteriori* ya que su fundamento se haya en la **experiencia** a la vez que son necesarios. "Los patos ponen huevos" es verdadera porque poner huevos es una propiedad esencial de los patos, pero esa definición es una conquista humana que no se funda en la **razón** sino en la experiencia de quienes hayan estipulado un nuevo uso del término "pato" (antes de ello un pato era meramente un animal alado y con un pico de cierta forma).

**Enunciado descriptivo:** Ver **enunciado sintético.**

**Enunciado elemental:** Según **Wittgenstein** y el **positivismo lógico**, se trata del **enunciado** que se establece por medio de la **percepción** sensorial. Llamado también **enunciado básico.**

**Enunciado empírico:** Ver **enunciado fáctico.**

**Enunciado empírico singular: Enunciado sintético** que hace referencia a hechos o situaciones particulares, cuya **verdad** o falsedad se establece en forma **empírica** y directa. Por ejemplo, "Hoy a las 23 horas 23 minutos habrá un eclipse de Luna." Los EES son **enunciados existenciales singulares** (ver).

**Enunciado empírico general: Enunciado sintético** que hace referencia a **hechos** o situaciones universales, existenciales o estadísticos. Ejemplos, respectivamente: "Las jirafas tienen cuello largo", "Algunos monos aprenden a hablar por señas", "La mitad de las personas que se divorcian se vuelven a casar".

**Enunciado estadístico: Proposición empírica** general que hace referencia a hechos de índole estadística. Por ejemplo, "La mayor parte de los porteños es infiel".

**Enunciado existencial: Proposición empírica** general que afirma la existencia de algo. Es **verificable** –hace falta encontrar un solo caso del **fenómeno** descripto– pero no **refutable** –aunque el caso verificador aún no haya aparecido, siempre está la posibilidad de que aparezca–. Por ejemplo, "Existen extraterrestres". Un EE negativo, en cambio, afirma la inexistencia de algo. Por ejemplo: "No existen mujeres buenas". Un EE negativo es equivalente a un enunciado universal (En nuestro caso: "Todas las mujeres son malas") y por lo tanto se refuta con un solo caso desfavorable ("Ésta mujer M no es mala") pero no es verificable, ya que siempre puede aparecer un caso futuro que la refute. Opuestos: **enunciado universal, enunciado existencial singular.**

**Enunciado existencial singular:** Cualquier **afirmación** que implique la existencia de un **objeto** particular determinado. Cuando el objeto determinado existe en el espacio-tiempo, siempre indican, aunque sea implícitamente, un intervalo de tiempo y uno de espacio determinados (no sería el caso si digo "Dios existe", ya que Dios es un objeto determinado pero intemporal e inmaterial). Por ejemplo: "Tengo dos hermanos, Tito y Rubén" o "Éste pedazo de metal M se dilató con el calor, a la hora H en el laboratorio L". De un EES se puede deducir un **enunciado existencial** pero no a la inversa. Por ejemplo: "Si este mono puede hablar con señas puedo inferir que al menos un mono puede hacerlo; pero sabiendo esto último no sé qué pasará cuando trate de enseñarle al próximo mono."

**Enunciado fáctico:** Según el **positivismo lógico**, es el **enunciado** que necesita ser contrastado empíricamente para demostrar su **verdad** o falsedad. Por ejemplo: "Todos mis gatos son hembras" o "Todos los gatos tienen cuatro patas". Hay muchos EF que no se pueden contrastar por deficiencias tecnológicas pero son igualmente verificables en este sentido ya que con ciertos instrumentos posibles (pero que nadie ha inventado aún) serían contrastables (por ejemplo, "Fuera de la Vía Láctea hay vida").

**Enunciado formal:** Según el **positivismo lógico**, es el **enunciado verdadero** por su forma, como es el caso de las **proposiciones tautológicas** de **Wittgenstein** o de los **juicios analíticos** de Kant. Por ejemplo: "p › p" o "Los hombres solteros son no casados".

**Enunciado general:** Ver **enunciado universal**.

**Enunciado hipotético:** Ver **condicional**.

**Enunciado implicativo:** Ver **condicional**.

**Enunciado legal:** Enunciado que se refiere a un número ilimitado de elementos de los cuales no se puede determinar su cantidad. Por ejemplo, "Todos los metales se dilatan con el calor". También se dice de los enunciados que poseen las características de una **ley**. También conocido como **enunciado nomológico**.

**Enunciado lógico: Enunciado analítico** cuya **verdad** o **falsedad** sólo depende de las relaciones formales entre los elementos de las **proposiciones**. Por ejemplo, "Hace calor *o* no hace calor" es lógicamente verdadero, y "Hace calor *y* no hace calor" es lógicamente falso.

**Enunciado matemático: Enunciado analítico** cuyos elementos formalmente relacionados son entidades matemáticas. Por ejemplo, "Pi por radio al cuadrado es igual a la superficie del círculo" o "2 + 2 = 4". **Kant** rechaza que se trate de enunciados analíticos, al afirmar que se trata de **juicios sintéticos** *a priori*.

**Enunciado molecular: Enunciado compuesto**, integrado por al menos un **enunciado atómico** y al menos una **conectiva lógica**.

**Enunciado no fáctico: Enunciado sintético** con gran nivel de abstracción, donde la referencia a la realidad es lejana. Por ejemplo, muchos de los utilizados en **Filosofía**: "La astucia de la razón circula de **pueblo** en pueblo". Para algunos autores, se trata de pseudoenunciados, sin contenido informativo.

**Enunciado nomológico:** Ver **enunciado legal**.

**Enunciado observacional: Proposición** deducida de una **hipótesis** que se intenta **refutar**, **confirmar**, etc. El EO se contrasta con determinadas **condiciones iniciales**. Es un concepto básico del

**método hipotético deductivo.** Los EO que se **deducen** de un conjunto de **hipótesis** constituyen la **base empírica** de ese conjunto.

**Enunciado particular: Enunciado** que designa a una parte de un conjunto. Por ejemplo, "Algunos gases son inertes".

**Enunciado por sinonimia: Enunciado analítico** cuya **verdad** o falsedad está condicionada por el **significado** o **semántica** de sus **proposiciones.** Por ejemplo, A. Gianella cita el clásico ejemplo de Quine: "Ningún soltero es casado".

**Enunciado protocolar:** Según el **fisicalismo, enunciado** que reemplaza al **enunciado elemental.** El EP se refiere a acontecimientos físicos públicos y a experiencias **intersubjetivas** y no a experiencias individuales.

**Enunciado protocolario:** Ver **enunciado básico.**

**Enunciado simple:** Ver **enunciado atómico.**

**Enunciado singular: Enunciado** que designa a un solo miembro de una clase o a un acontecimiento o estado de cosas referente a un lugar y momento determinados. Por ejemplo, **"Sócrates es mortal"** o **"La Revolución Francesa** fue en 1789".

**Enunciado sintético: Enunciado** cuya **verdad** se establece en base a su correspondencia con los hechos. Así, para saber si la Tierra gira alrededor del Sol, no es suficiente con comprender el **significado** de "Tierra", "girar" y "Sol"; es necesario establecer una **contrastación empírica,** ya que el enunciado en cuestión podría ser falso. Según Kant hay **enunciados sintéticos** *a priori* (ver) cuya verdad se establece por **intuición.** Son casos de ES los **enunciados empíricos singulares,** los **enunciados fácticos generales,** los **enunciados teóricos** y los **enunciados no fácticos.** Opuesto: **enunciado analítico.**

**Enunciado sintético** *a priori*: Ver **juicio sintético** *a priori.*

**Enunciado teórico: Enunciado sintético** que tiene al menos un **término teórico** –no **empírico**- (pudiendo ser generales o singulares). También llamado **enunciado de nivel 3,** no refiere a la realidad de una manera directa. Su **verdad** puede establecerse sólo a través de sus consecuencias. Ejemplos: "átomo", "electrón", "órbita", **"superyó", "plusvalía",** etc. Hay ET puros –sólo tienen términos teóricos- y mixtos –poseen además de términos teóricos, **términos empíricos**-.

**Enunciado universal: Proposición empírica** general que abarca la totalidad de casos de un **fenómeno.** Los EU son **refutables** –hace falta encontrar un solo caso del fenómeno descripto que no se ajuste al EU- pero no **verificables** –aunque ese caso adverso no haya aparecido, siempre está la posibilidad de que aparezca-. Por ejemplo, "Todos los metales se dilatan con el calor" o "El agua hierve a 100ć C". Son los enunciados de las **leyes** científicas. En **lógica**, el EU es todo **enunciado** formalizable con el **cuantificador universal**. Opuesto: **enunciado existencial**.

**Equivalencia:** Ver **equivalencia lógica**.

**Equivalencia lógica:** Dos **proposiciones** son equivalentes entre sí cuando todos los casos que hacen verdadera a una de ellas, hacen verdadera también a la otra; y cuando todos los casos que hacen falsa a una hacen falsa también a la otra. Es decir, cuando ambas tienen la misma **tabla de verdad**. Si dos proposiciones son equivalentes, el resultado de unirlas por una *aequivalentia* es siempre una **tautología**: A implica B y B implica A. Por lo que también se la llama doble *implicación lógica*. Se simboliza con una flecha doble "ß›" o con un signo de igualdad de tres rayas (ć), es decir, con el **bicondicional** porque si un bicondicional es verdadero sus dos componentes son proposiciones equivalentes. Por ejemplo: (p v ¬r) ß› (p › r). Para probar que dos proposiciones son equivalentes, además del método de tablas de verdad, lo que se hace en un sistema de **deducción natural** es suponer una y derivar la segunda, y después suponer la segunda y derivar la primera.

**Equívoco:** Tipo de **falacia de ambigüe-** **dad** referida a un problema en el **significado** de las palabras. Así, "El fin de una cosa es su perfección; la muerte es el fin de la vida; por lo tanto, la muerte es la perfección de la vida", es un E, porque se utiliza "fin" en dos sentidos distintos: "objetivo" en el primer caso y "último acontecimiento" en el segundo. El problema también se presenta con los términos relativos como "pequeño": "Un elefante es un animal; por lo tanto, un elefante pequeño es un animal pequeño".

**Escuela de Berlín (Alemania, 1929-1932):** Corriente del **positivismo lógico** a la que pertenecieron H. **Reichenbach**, K. Grelling, R. von Mises y Carl **Hempel**. En 1929 se realizó un congreso de **epistemología** de las **ciencias** exactas presidido por M. Schlick, que reunió a la EDB y al **Círculo de Viena**. En líneas generales el espíritu y las **tesis** fueron comunes a ambos grupos (aunque Reichenbach adhirió por poco tiempo a las tesis más radicales del Círculo de Viena).

**Espiral argumentativo:** Series de argumentaciones deductivas encadenadas. Son cadenas de **entinemas** enlazados, donde la segunda **proposición** explica el atributo de la primera, la tercera proposición el atributo de la segunda y así sucesivamente. Es un modelo de **razonamiento** que intenta llevar a un auditorio hacia una **conclusión** deducida, pero sólo tienen una apariencia lógica dado que son encadenamientos arbitrarios.

**Esquema nomológico-deductivo:** Ver explicación nomológico-deductiva.

**Euclides (315-225 a.C.):** Matemático griego, en su obra *Elementos de Geometría* sistematizó los conocimientos de esta disciplina. La **geometría euclidiana** rigió por siglos, hasta que en el siglo XIX fue puesta en cuestión por la geometría moderna.

**Euclidiano:** Relativo o perteneciente a **Euclides**, su método matemático o su geometría.

**Euler-Venn:** Ver **diagramas de Venn**.

**Experimento crucial:** Puesta a **prueba** de dos **hipótesis** contrapuestas con el fin de eliminar a una de ellas. Si una de las hipótesis implica una **proposición** experimentalmente verificable que contradice o es incompatible con la implicada por una segunda hipótesis, el EC nos habilitaría para eliminar definitivamente a una de ellas. Sin embargo, para muchos críticos esto no es así: ningún **experimento** pone a prueba a una hipótesis aislada, sino a todo el **conocimiento** relevante para la cuestión que esté lógicamente implicada en ésta (por ejemplo, a otras hipótesis o **hipótesis auxiliares**). Por lo tanto, el EC no refuta a una hipótesis aislada, sino también a las hipótesis auxiliares y supuestos que la acompañan, tomados como un todo (la **refutación** implica que al menos una de las hipótesis es falsa, pero no indica cuál de ellas lo es ni cuántas lo son).

Llamado también **contrastación crucial**. Por ejemplo, la geometría euclidiana y la geometría hiperbólica predicen distintos valores para los ángulos internos de los triángulos, pero las diferencias sólo son grandes en los casos de triángulos muy grandes (en geometría hiperbólica la suma de los ángulos internos de un triángulo varía según varíen las longitudes de los lados). Por eso, para realizar un EC, se eligió el ángulo formado por tres montañas situadas a gran distancia. El experimento fracasó porque los instrumentos de medición de los que se disponían tenían un margen de error mayor que la diferencia entre las predicciones de ambas teorías. Ponemos este ejemplo porque es sencillo, ya que intervienen pocas hipótesis auxiliares y ambos **sistemas** están axiomatizados, por lo que -de haber la **tecnología** necesaria- sería un EC con un resultado poco cuestionable.

**Experimento decisivo:** Ver **experimento crucial**.

*Explanandum* **(Carl Hempel):** (Del latín: "lo que debe ser explicado"). En la **explicación nomológico-deductiva**, **proposición** que describe un **fenómeno** a explicar y que se deduce del *explanans*. Se simboliza con la letra E. Por ejemplo, "La rata murió hace una hora".

*Explanans* **(Carl Hempel):** (Del latín: "lo que explica"). En la **explicación nomológico-deductiva**, **proposiciones** utilizadas para explicar un **fenómeno** (*explanan-*

*dum*). Las proposiciones $C_1$, $C_2$..., describen las **condiciones iniciales** o **antecedentes**, y las proposiciones $L_1$, $L_2$..., representan las **leyes generales**. **Popper** cita el siguiente ejemplo: frente al *explanandum* "La rata murió hace una hora", las **premisas** pueden ser: a) **leyes universales** como "Si una rata ingiere al menos 0,48 gramos de veneno, morirá en 5 minutos" y, b) condiciones iniciales, como "Esta rata ingirió al menos 0,48 gramos de veneno hace una hora y 5 minutos" (proposición cuya **verdad** o falsedad puede conocerse por **experiencia**).

**Explicación:** Respuesta a las preguntas del *por qué* o las **causas** y del *cómo* de un acontecimiento o de una regularidad. A diferencia de la **predicción**, en la E ya se conoce el **fenómeno** a explicar o al menos se lo supone. Pero por lo demás se parece mucho a una predicción en tanto la E nos muestra que cierto hecho o regularidad era esperable, dadas ciertas condiciones que la E explicita. Dicho esto en general, nos dedicaremos a lo que se ha entendido por **explicación científica**. Según el **positivismo**, explicar un hecho significa demostrar que ese hecho es un caso particular de una **ley general**. Hempel dio dos modelos de E científica: E **estadístico-inductivas** que contienen leyes generales estadísticas y E **nomológico-deductivas**, cuyas leyes son **deterministas**. Las **leyes estadísticas** (como las leyes de física cuántica) dicen que un porcentaje de casos del fenómeno B, menor que cien, tiene la propie-

dad A y por tanto no permiten deducir que un caso desconocido la tiene también (es tan **posible** que la tenga como que no la tenga). Por eso este **modelo es inductivo.** Las **leyes deterministas** (por ejemplo, una ley de **Newton**) afirman la **necesidad** de que todos los casos B tengan cierta propiedad y por ello permiten una **deducción** a partir de un nuevo caso B, de que este caso también tiene esa propiedad A. En ambos casos la E incluye como **premisas condiciones iniciales** y leyes. También hay E de leyes a partir de otras leyes que las implican lógicamente; en estos casos no hay condiciones iniciales como premisas por razones lógicas. Actualmente se reconocen más tipos de E científicas irreductibles a ninguno de estos dos modelos. Ver al respecto: **explicación funcional, explicación genética** y **explicación teleológica.** Opuesto: **comprensión.**

**Explicación causal: Deducción**, a partir de **leyes universales** y **condiciones iniciales** específicas, de una **proposición** que describe un **acontecimiento** específico. Las **explicaciones científicas** intentan responder el "por qué" de las cosas, indagando las **causas**, es decir, son causalistas. Alcanzar las causas implica formular **leyes generales** que expliquen hechos individuales –subsumir un hecho a una ley–. **Popper** identifica las EC con las **explicaciones nomológico-deductivas** de acontecimientos individuales, es decir la **deducción** de proposiciones a partir de **leyes** o **causas.**

**Hempel**, en cambio, restringe el concepto para las explicaciones nomológico-deductivas de hechos individuales que incluyan entre sus **premisas** cierto tipo especial de leyes: las que establecen relaciones causales. Según Hempel, una **ley causal** es la que afirma que cierto tipo de sucesos son seguidos siempre por otro tipo de sucesos; por ejemplo, que el movimiento de un imán a lo largo de una espiral de alambre cerrada determina el paso por el alambre de corriente eléctrica. En general, se llama EC a cualquier clarificación de un **hecho** o **regularidad** por medio de la postulación de una causa, del tipo que sea, sin necesidad de que haya **leyes científicas** entre las premisas, ni siquiera implícitamente, y sin necesidad de que el *explanandum* se deduzca del *explanans*.

**Explicación científica:** Ver **explicación**.

**Explicación estadístico-inductiva:** Ver **explicación inductivo-estadística**.

**Explicación funcional:** Tipo de **explicación** científica que incluye entre sus **causas** sistemas orientados a un fin, pero sin la existencia de motivos, razones o propósitos conscientes por parte de **sujetos**. Se opone en este sentido a la **explicación teleológica**, aunque algunos autores llaman a la EF "explicación teleológico-funcional". Un **enunciado** funcional afirma que un determinado elemento o **variable** cumple cierta **función** dentro de un **sistema** total del cual forma parte. Por ejemplo, "las bu-

jías tienen la función de permitir el encendido del auto".

**Explicación genética:** Tipo de **explicación** científica que describe la situación actual de un **objeto** o un **sistema** a partir de su evolución anterior, es decir, que apela a los orígenes de un **fenómeno**. Es utilizado en **historia**; por ejemplo, "La **Segunda Guerra Mundial** se explica a partir de la derrota alemana en la **Primera Guerra Mundial**".

**Explicación inductivo-estadística:** Tipo de **explicación** científica que utiliza **leyes estadísticas**. La EIE establece regularidades **empíricas** no **universales**, señalando que una cantidad determinada de **objetos** o **fenómenos** de una clase A pertenecen también a otra clase B. Por ejemplo, "Antonio se curó después de tratarse con la medicación X porque el 85 % de los enfermos que recibieron la medicación X respondieron positivamente." Este tipo de explicaciones tiene la forma de un **razonamiento inductivo** en el cual el *explanandum* no se deduce del *explanans*, sino que se infiere de él con cierta **probabilidad**.

**Explicación intencional:** Ver **explicación teleológica**.

**Explicación nomológico-deductiva (Carl Hempel):** En primer lugar, la END es una relación entre proposiciones tal que la **conclusión** se deduce de las **premisas** (de ahí "deductiva") y al menos una premisa es una **ley** (de ahí "nomológico", del griego: *nómos* = ley). Hay dos tipos de END según la cosa explicada sea un hecho o una **ley general**. Una ley general se explica a partir de leyes más generales que la implican lógicamente, y sólo se recurre a **enunciados generales** en la **inferencia** (no hay **condiciones iniciales** para explicar leyes). En el caso de que se explique un hecho, la END está formada por un *explanandum* (E), que es la **proposición** que describe el **fenómeno** a explicar, y un *explanans*, que son las proposiciones o premisas que se utilizan para explicar el fenómeno (**leyes universales** o leyes generales -$L_1$, $L_2$...$L_k$- más una delimitación de condiciones iniciales o **condiciones antecedentes** relevantes –$C_1$, $C_2$...$C_k$-). La END es uno de las dos esquemas del **modelo de cobertura legal** y es correcta cuando se cumplen cuatro condiciones: 1) Condición de **deducción**: E debe deducirse del *explanans*, 2) Condición de legalidad: en el *explanans* tiene que haber al menos un **enunciado legal** que sea necesario para la deducción de E, 3) Condición de **contenido empírico**: las proposiciones del *explanans* deben ser confirmables o **refutables** mediante la **experiencia** (esto garantiza que los enunciados generales sean leyes científicas y no, por ejemplo, lógicas), 4) Condición de **confirmación**: las leyes del *explanans* deben estar bien confirmadas. También se le llama **teoría de la explicación por subsunción**. El siguiente es un ejemplo de END: ($L_1$) Todos los metales se dilatan con el calor, ($C_1$) éste es un trozo de metal y ($C_2$) aumenté su temperatura, de ahí que (E) el trozo de metal se dilató. (Nótese que $C_1$ y $C_2$ son imprescindibles para **derivar** E a partir de la ley general).

**Explicación probabilística:** Tipo de **explicación** científica en que la **conclusión** del *explanandum* no se desprende necesariamente de las **premisas** del *explanans* –como en la **explicación nomológico-deductiva**- sino que se sigue de éste con un alto grado de **probabilidad**. **Hempel** le dio el nombre de **explicación inductivo-estadística** (ver). Por ejemplo, puede explicarse un divorcio de la siguiente manera: "El 75% de los matrimonios terminan en divorcio, está en nuestra naturaleza".

**Explicación teleológica:** Tipo de **explicación** científica que incluye entre sus **causas** la búsqueda de un fin por parte de un **sujeto**, es decir, intencionalidad o voluntad humana. Se distingue, en este sentido, de la **explicación funcional**. Por ejemplo, explicar la existencia de la policía por el fin de reprimir y controlar a los súbditos y así lograr la estabilidad del **Estado**.

***Explicandum:*** Ver *explanandum*.

***Explicans:*** Ver *explanans*.

**Extensión:** Ver **denotación**.

# F

**Falacia: Método** incorrecto de **razonamiento, razonamiento inválido.** Tipo de argumentación incorrecta, pero que, a simple vista, parece correcta. Hay **F formales** (**estructura** incorrecta) y **F no formales** (F **semánticas** o por el contenido). Algunos autores equiparan al término **"sofisma"** con el de F. En términos vulgares, idea falsa o equivocada.

**Falacia de afirmación del consecuente: Razonamiento inválido** que se produce cuando -dada una **premisa condicional** y afirmando el **consecuente** de dicho condicional en la segunda premisa- se afirma el **antecedente** como **conclusión**. Por ejemplo: "Si los átomos están formados por neutrones, electrones y protones, entonces, no son las partículas físicas más pequeñas (premisa condicional). Los átomos no son las partículas más pequeñas (segunda premisa: afirmación del consecuente). Por lo tanto, están formados por neutrones, electrones y protones (conclusión que afirma el antecedente)". Su **forma lógica** es: si $p > q$, $q$, $p$.

**Falacia de negación del antecedente: Razonamiento inválido** que se produce cuando -dada una **premisa condicional** y negando el antecedente de dicho condicional en la segunda premisa- se niega el **consecuente** como **conclusión**. Por ejemplo: Si cruzo con el semáforo en rojo, entonces me pisa un auto (premisa condicional). No cruzo el semáforo en rojo (segunda premisa: negación del antecedente). Por lo tanto, no me pisa un auto (conclusión que niega el consecuente). Su **forma lógica** es: si $p > q$, $\neg p$, $\neg q$.

**Falacia de relación causal:** Ver **relación espuria.**

**Falacia formal:** Ver **falacias formales.**

**Falacias de ambigüedad:** Falacias no formales ocasionadas porque se produce una confusión debido a la utilización de términos o frases con más de un **significado.** Las más conocidas son el **equívoco,** la **composición,** la **división,** la **anfibología** y el **énfasis.**

**Falacias de atinencia:** Falacias no formales en que las **premisas** de los **razonamientos** carecen de **atinencia lógica** con respecto a sus **conclusiones,** y por ende, son incapaces de establecer la **verdad** de las mismas.

**Falacias formales:** Falacias cuya falla está en la forma del **razonamiento,** cuando su forma es inválida. Parecen válidas porque sus **premisas** y **conclusión** son verdaderas; pero el error es tomar la **verdad** de las **proposiciones** como garantía de la **validez** del razonamiento. Pero si abstraemos la **forma lógica,** siempre será posible encontrar una nueva **interpretación** que tenga premisas verdaderas y conclusión falsa. Las FF más conocidas son la **falacia de**

**afirmación del consecuente** y la **falacia de negación del antecedente**.

**Falacias no formales: Falacias** no centradas en la **forma lógica** sino en su uso cotidiano. Son psicológicamente persuasivas y son usadas para convencer a otros de aceptar una determinada **conclusión**. Hay dos tipos: **falacias de atinencia** y **falacias de ambigüedad**.

**Falsacionismo (Karl Popper):** Corriente **epistemológica** que plantea como idea central que el acento del trabajo científico no está en tratar de **confirmar** las **hipótesis**, sino en tratar de **refutarlas**. La regla de oro de la metodología popperiana es que ningún **enunciado** debe quedar a salvo de la posibilidad de ser refutado: ese es el llamado **criterio de demarcación científica**. El esquema de investigación científica del F es el siguiente: 1- **problema, hipótesis** o **conjetura**, 2- deducción de sus **consecuencias observacionales**, 3- **contrastación** a través de la **observación** o el **experimento**, 4- **corroboración** o **refutación** de la hipótesis. En el F hay tres posturas: el **F dogmático**, el **F metodológico ingenuo** y el **F sofisticado** (según la clasificación de Imre **Lakatos**, discípulo de **Popper**).

**Falsar (Karl Popper):** **Contrastar** negativamente una **consecuencia observacional** de una **hipótesis**. F implica considerar falsa a la hipótesis cuya **contrastación** fue desfavorable, mediante una inferencia de forma *modus tollens*: p > q, no p, por lo tanto no q; es decir

que, si q se puede derivar de p y si q es falsa, p también es falsa. Lo que ocurre de hecho en las **ciencias** es que las hipótesis no pueden falsarse aisladamente, sino que se necesitan varias y a veces muchísimas otras hipótesis para poder deducir una consecuencia observacional. Si llamamos H a la hipótesis que se quiere falsar, CO a la consecuencia observacional y HA al conjunto de las **hipótesis auxiliares** que permiten la **derivación** de CO, el esquema de la **inferencia** es el siguiente: 1) (H . HA) > CO ; 2) ¬ CO; 3) ¬ (H . HA); y esto último es equivalente a 4) ¬H v ¬HA. Es decir que la **conclusión** de una **falsación** en la que intervienen varias hipótesis es que al menos una de esas hipótesis es falsa y no necesariamente lo es la hipótesis que se quería falsar (ver también **holismo**).

**Fbf:** Abreviatura de **Fórmula bien formada** (ver).

**Forma de un razonamiento:** Ver **forma lógica**.

**Forma lógica: Estructura** de un **razonamiento** del que se han abstraído los **significados** de sus **proposiciones**. Es lo que se obtiene al reemplazar las proposiciones por **variables proposicionales** (**lógica proposicional**) o al reemplazar las partes de las proposiciones por letras de **predicado** y **constantes** (**lógica de predicados**). La FL es la base de la **lógica formal** y en ella lo relevante es el criterio de **validez** y no el de **verdad**, ya que la validez de los **argumentos** deductivos está determinada por su FL y no por el significado de las afirmaciones que contienen, mientras que la verdad de una proposición sólo puede determinarse a la luz de su **sentido**. Por ejemplo, la FL del siguiente razonamiento: "Mi gata y mis padres están dormidos por lo que hay silencio, ya que si alguno estuviera despierto, no habría silencio" es: 1) **p** y **q** y **r**; 2) Si no (**p** y **q** y **r**) entonces no **s**; 3) (por lo tanto) **s**. El diccionario es: p = mi gata duerme, q = mi papá duerme, r = mi mamá duerme, s = hay silencio. El razonamiento es inválido y es un caso de **falacia de negación del antecedente**. Puede entenderse intuitivamente que es inválido ya que, aunque mis padres y mi gata estén durmiendo silenciosamente, podría haber un ruido infernal porque están rompiendo la calle justo debajo de mi ventana.

**Forma proposicional: Símbolo** variable de la **lógica proposicional**. Para que la **estructura** de un **razonamiento** se presente con el máximo de claridad y simplicidad, se debe pasar del **lenguaje** descriptivo de los **enunciados** al lenguaje abstracto de la **lógica**, del **lenguaje natural** al lenguaje simbólico. Mediante el proceso de abstracción, lo que es una **proposición** (y sólo una) en lenguaje natural se debe transformar en una FP, es decir, en un símbolo como "p" o "A" o cualquier otro que se convenga, de modo que cada vez que en el razonamiento se repita una misma proposición, en la forma del razonamiento se repita la FP que se le asignó a tal proposición. Así, se logra considerar el esqueleto, el esquema de un razonamiento, valiéndonos para ello de, por ejemplo, las llamadas **tablas de verdad**. Puede resultar difícil sustituir las proposiciones por FP cuando varias proposiciones están formando una **proposición molecular** o compleja (es imprescindible conocer cuáles son las **conectivas lógicas** para poder determinar cuáles son las **proposiciones** mínimas o **atómicas**). Por ejemplo: "María y Juan cantaban y bebían" es una proposición molecular formada por cuatro proposiciones atómicas: A = María cantaba, B = María bebía, C = Juan cantaba, D = Juan bebía, cuya FP es "A y B y C y D". Puede verse la utilidad de distinguir las proposiciones en el siguiente razonamiento: "María y Juan cantaban y bebían, así que la cosa terminó mal, porque siempre que María bebe la cosa termina mal". La forma lógica del razonamiento es "1) A y B y C y D; 2) Si B entonces M; 3) (Por lo tanto) M ". Si no se hubiera separado la proposición B del resto en la primera **premisa** no podría hacerse la **inferencia** que autoriza el **condicional** de la segunda premisa.

**Forma válida:** Esquema de **inferencia** tal que -dado un **razonamiento** que podamos hacer interpretando las **variables** de ese esquema- si las **premisas** son **verdaderas**, la **conclusión** también lo será. Puede determinarse si una forma de razonamiento es una FV por el **méto**-

**do del condicional asociado.**

**Formalización:** Reemplazo de **términos** y **enunciados** pertenecientes a una **teoría** científica o a un **razonamiento**, por **fórmulas** y **signos** que sólo expresan la **estructura** de la **proposición** o aquellos aspectos puramente estructurales y **sintácticos**, desprovistos de contenidos o **significados**. Un conjunto de fórmulas de un **lenguaje artificial** que representan proposiciones del **lenguaje natural** es la F de estas proposiciones. Un **sistema axiomático** está formalizado si su lenguaje es artificial.

**Formas de razonamiento:** Ver **forma lógica.**

**Fórmula:** Combinación de **símbolos**. A veces se usa como sinónimo de **fórmula bien formada** (ver).

**Fórmula bien formada:** Combinación de **símbolos** de un **sistema** de acuerdo a ciertas **reglas de formación** del mismo.

**Frege, Gottlob (1848-1925):** Matemático y filósofo alemán, fue uno de los fundadores de la **lógica de predicados** de primer orden y de órdenes superiores. Quiso demostrar que la matemática puede deducirse de la **lógica** (a esta idea se la llama "**logicismo**"), para lo cual diseñó un **sistema** monumental pero que resultó ser inconsistente. Además fue el iniciador de la disciplina que se conoce como Filosofía del lenguaje. Negó la existencia de los **juicios sintéti-**

cos *a priori* de tipo matemático, de los que hablara **Kant**. Influyó en B. **Russell**, R. **Carnap**, L. **Wittgenstein** y E. **Husserl**. Entre sus obras principales encontramos a: *Los fundamentos de la aritmética* (1884).



**Función de verdad:** Ver **conectiva lógica.**

**Función proposicional:** Se llama FP a toda formulación **lingüística** en la que el **individuo** del que se predica una propiedad F está indeterminado (Fx). Así, es FP toda expresión que contiene uno o más constituyentes indeterminados (x, y,...) tal que, si fijamos un **significado** a estos constituyentes, el resultado será una **proposición**, de la cual podremos decir que es verdadera o falsa. Por ejemplo: "x es un país americano" es una FP. Si sustituimos "x" por "Ecuador", el resultado será una proposición, verdadera en este caso. Si sustituimos "x" por "Dinamarca", el resultado será una proposición falsa.

**Función veritativa:** Ver **conectivas.**

# G

**Generalización accidental (Carl Hempel):** **Enunciado** que generaliza a partir de ciertos casos comprobados de un **fenómeno**, planteando una **regularidad**. **Hempel** sostiene que las **predicciones** de las GA no son de interés para la ciencia, ya que su *explanandum* no habla de **hechos** desconocidos sino de casos ya examinados. Justamente, las GA fracasan en la **predicción** de casos desconocidos. Por ejemplo, partir de que "Todos los empleados del Estado trabajan mal" no me habilita a predecir que "el próximo empleado que entre a trabajar en el Estado trabajará mal". También llamada **generalización existencial**.

**Generalización empírica:** Adjudicación de una característica a todo un conjunto de **fenómenos** a partir de la **observación** de una **regularidad** en un número limitado de los mismos. Se trata de un **afirmación** del llamado **nivel 2**, que refiere a todo un grupo. Ejemplo: "Los gatos cazan ratones". Las hay universales (una propiedad común a todo un grupo de elementos), existenciales (sólo para un grupo) o estadísticas (que se dan con cierta frecuencia o probabilidad). (Ver también **generalización inductiva** e **inducción**).

**Generalización estadística: Enunciado universal** que adjudica determinado grado de **probabilidad** a que ciertas características estén presentes en una **población** infinita –o finita, pero inaccesible-. Por ejemplo: "El 40% de las empanadas que se producen en la **Argentina** son de carne" (cuyo fundamento es una muestra, quizás muy grande y quizás representativa, pero finita de registros de algunos comercios argentinos).

**Generalización existencial:** Derivación de la **fórmula** existencial a partir de la instanciación correspondiente. Por ejemplo: "Ex Px" a partir de "Pa". O "Existen hombres rubios" a partir de "este hombre es rubio" (ver también **generalización universal**).

**Generalización inductiva: Inferencia** realizada a partir de la **observación** de casos particulares en los que se repite una relación entre **variables,** casos que se toman como **premisas** para obtener una **conclusión** general, que establece una **regularidad** que se aplica a infinitos casos. La GI es rechazada por varios autores, entre ellos K. **Popper.** Por ejemplo: "Los dos perros que tuve se escaparon, todos los perros se escapan de mí" o "Los 9.000.000.000 de cuervos que revisamos eran negros sin excepción, por lo tanto, todos los cuervos son negros". (Ver también **generalización empírica** e **inducción**).

**Generalización universal: Derivación** de la **fórmula** universal a partir de la instanciación correspondiente que representa un caso arbitrario. Por ejemplo: "(x) Px" a partir de "Pa", tal que a es un caso arbitrario. O "La suma de los dos ángulos agudos de un triángulo rectángulo suman 90ć" a partir de "La suma de los dos ángulos agudos del triángulo ABC rectángulo suman 90ć", siempre que se haya mostrado eso a partir de propiedades del triángulo ABC que sean propiedades comunes a todos los triángulos (ver también **generalización existencial**).

**Geometría aplicada:** Geometría que alude a los objetos físicos reales, de la cual puede predicarse su **verdad** o falsedad *a posteriori*. Hasta la aparición de **geometrías no euclidianas**, se pensaba que la geometría de **Euclides** describía propiedades a las que se ajustaban los objetos reales.

**Geometría empírica:** Estudio de la geometría a partir de problemas prácticos, tales como medir un terreno o construir un edificio. Es conocido el uso que los egipcios hicieron de la geometría para medir las superficies de las tierras de cultivo, y cómo –partiendo de **observaciones empíricas**- llegaron a descifrar la relación entre la circunferencia y su radio (3,16 aproximadamente). De igual modo, los babilonios descubrieron movimientos lunares a partir de una necesidad práctica de armar un calendario.

**Geometría euclidiana:** Geometría basada en los **postulados** de **Euclides**, cuyo eje es una concepción intuitiva del espacio. Actualmente se llama GE a la reaxiomatización que se hizo a fines del siglo XIX de la teoría de Euclides, que también era axiomática pero tenía muchos errores.

**Geometría no euclidiana (1929 ›):** Denominación de la geometría contemporánea, que demostró que los axiomas son convencionales y que la geometría no se relaciona con la realidad física como se creía. La geometría euclidea es tan precisa como las otras para medi-

ciones dentro del planeta pero fue vencida por la GNE en escalas mayores. Hay muchas GNE y lo que tienen en común es que niegan algún **axioma** o **postulado** de **Euclides**. El quinto postulado es el que define las rectas paralelas (una de las versiones dice que dos rectas no paralelas se juntan en algún punto de la infinita extensión). Durante siglos se trató de demostrar que este postulado no era independiente, sin éxito. En 1813 a Gauss se le ocurrió que era independiente. En 1829 Lobachevsky publicó el primer trabajo de GNE, conocida luego como "pangeometría". Había sustituido el quinto postulado euclideo por otro que permite demostrar que hay infinitas rectas paralelas a una recta R que pasan por un punto externo a la recta R en un mismo plano (aunque él solo llama "paralelas" a dos de ellas).

**Geometría pura:** Geometría que no alude a la realidad física y cuya **validez** es puramente **deductiva** y *a priori*.

**Gödel, Kurt (1906-1978):** Lógico y matemático austríaco, demostró que la aritmética es consistente pero contiene afirmaciones indemostrables. En 1931, G descubrió que los **sistemas axiomáticos** son limitados; no pueden explicar perfectamente un campo de la **verdad**: si son consistentes, resultan incompletos, y si son completos, resulta inconsistentes. No pueden cumplir ambas exigencias a la vez.

# H

**Hempel, Carl Gustav (1905-1997):** Filósofo de la **ciencia** de origen alemán y residente en los **EE.UU.** Estudió matemática, **lógica** y física, y participó en la fundación del **Círculo de Viena** que dio origen al **positivismo lógico**, donde recibió la influencia de R. **Carnap.** Por su énfasis en la **explicación** científica y el concepto de **probabilidad**, a H se lo considera uno de los más importantes representantes del **confirmacionismo**, reformulación crítica del llamado **inductivismo ingenuo**. Entre sus obras principales encontramos a: *Filosofía de la ciencia natural* (1966).

**Hipóstasis:** Lo considerado verdadero, la verdadera realidad.

**Hipótesis:** (Del griego *hypothesis* = principio, supuesto). **Enunciado** que se propone como base para explicar por qué o cómo se produce un **fenómeno.** Parte de la **estructura** de una **teoría** científica, denominada convencionalmente como de "nivel 3". Las H o **leyes teóricas** son **enunciados generales** –como los del "nivel 2"- pero contienen al menos un término teórico. **Proposición** de la que no se conoce con certeza su **valor de verdad; afirmación** provisoria sujeta a **verificación** o **confirmación** a través de la **contrastación** de sus **consecuencias observacionales** o **empíricas.** Si la H queda confirmada, es ley, que es una H confirmada que capta una **regularidad.** Te-sis o suposición que describe determinado tipo de relación causal entre dos o más **variables** y que se acepta provisoriamente. Solución tentativa para **problemas** del **conocimiento:** por lo tanto no es aún una solución, sino que puede llegar a serlo. La función de la H es orientar nuestra búsqueda de orden en los **hechos.**

**Hipótesis *ad hoc*: Hipótesis auxiliar** que está en condiciones de ser contrastada, y cuya función es salvar a una **hipótesis fundamental** en riesgo de ser **refutada.** Cuando un **experimento** falla y se argumenta que el problema está en el diseño de la experimentación y no en la **hipótesis**, a esta explicación la llamamos HAH, porque es un intento de sostener la hipótesis inicial condenando al **experimento.** Es un tipo de hipótesis que no tiene apoyo teórico ni **empírico** independiente, lo que implica que no se deduce de ninguna **teoría** aceptada ni ha sido demostrada con observaciones favorables. Por ejemplo, la **observación** de la trayectoria de un planeta era diferente de la prevista por la física newtoniana, a pesar de lo cual había resistencias para abandonar la teoría de **Newton**, así que se supuso que había otro planeta, aunque nadie lo había visto nunca ni tenía otros indicios de su existencia, porque se podía dar cuenta de esta trayectoria sin modificar las hipótesis newtoneanas.

**Hipótesis auxiliar: Hipótesis** proveniente de teorías previamente enunciadas o de la misma **teoría** a la que pertenece otra hipótesis que se desea contrastar. Las HA auxilian a la **contrastación** porque permiten que se extraigan **consecuencias observacionales**. Por ejemplo, un conjunto de hipótesis de **Newton** predice cierto comportamiento estelar pero cualquier observación de las estrellas se hace con un telescopio por lo que se van a necesitar HA que permitan determinar con gran precisión la relación entre lo que ocurre con las estrellas reales y lo que vemos en el telescopio (hipótesis sobre cómo es el telescopio y una teoría óptica).

**Hipótesis causal:** Tipo de **hipótesis** que cumple cuatro condiciones: la relación entre los **fenómenos** señalados es invariable y uniforme, los fenómenos deben estar espacialmente en la misma región, la **causa** es previa temporalmente al **efecto** y, la causa produce al efecto y no puede ocurrir al revés. Esto significa que el efecto no debe poder convertirse a su vez en causa. Por ejemplo: la hipótesis física "El calor causa la dilatación de los metales".

**Hipótesis derivada: Proposición** o **conjetura** que –dentro de una **teoría**- se deduce de otra de mayor nivel de generalidad, llamada **hipótesis fundamental**. Por ejemplo; "El cobre se dilata con el calor" es una HD de "los metales se dilatan con el calor".

**Hipótesis empírica: Hipótesis** que contiene **términos observacionales**. Hipóte-sis de la que se pueden derivar **consecuencias observacionales**. Por ejemplo: la **ley** física que dice que el período del péndulo es igual a 2 pi por la raíz cuadrada de la longitud sobre la aceleración de la gravedad. Opuesto: **hipótesis teórica**.

**Hipótesis estadística:** Tipo de **hipótesis** que sostiene que determinado **fenómeno** ocurre con determinado grado de **probabilidad**. Por ejemplo: "Los niños argentinos menores de trece años van a la escuela en el 65% de los casos."

**Hipótesis funcional:** Tipo de **hipótesis** que sostiene que existe una relación de dependencia funcional entre dos **procesos** determinados. Por ejemplo: "Para iniciar el Windows la computadora debe estar prendida" o "Una mujer sólo puede quedar embarazada después de su primera ovulación."

**Hipótesis fundamental: Proposición** o **conjetura** que –dentro de una **teoría**- no se deduce de ninguna otra, y de la cual se deducen otra hipótesis de menor nivel, las **hipótesis derivadas**, que tienen un alcance y una generalidad menor que las HF. Por ejemplo, las **leyes** de la termodinámica.

**Hipótesis general: Hipótesis** que habla de un conjunto indeterminado (posiblemente infinito) de **individuos, procesos** o **hechos**. Una **proposición** que tiene al menos un **cuantificador universal** como "todos" o "ningún". Por ejemplo, la hi-

pótesis de Redi y Pasteur de que todos los seres vivos nacen a partir de otros seres vivos.

**Hipótesis genética:** Tipo de **hipótesis** que establece una relación entre dos momentos de un **proceso** de forma que el primer momento es causa en un sentido fuerte (**determinista**) o débil del segundo. Por ejemplo: "Va a haber una **revolución** si someten a la **clase trabajadora** a una vida de **esclavitud**."

**Hipótesis mixta: Proposición** o **conjetura** que contiene **términos lógicos, teóricos** y **observacionales** y que se ubica en medio de las **hipótesis fundamentales** y las **consecuencias observacionales**, a modo de **enunciado** puente o **regla de correspondencia**. Por ejemplo, una **ley** de la medicina que vincula los síntomas con una enfermedad determinada que se define en términos de la biología molecular.

**Hipótesis operacional:** Ver **definición operacional**.

**Hipótesis preliminar:** Cualquier **hipótesis** propuesta, antes de que alguna de sus **consecuencias observacionales** sea sometida a **contrastación**. Por ejemplo, la hipótesis de Redi de que no hay generación espontánea que es previa al correspondiente **experimento** que fue diseñado para confirmarla.

**Hipótesis rival: Hipótesis** que se propone como respuesta alternativa frente a un **problema** científico, la cual entra en competencia con otra hipótesis, proponiendo una solución diferente. La definición de cuál de las dos HR es superior se realiza a través de una **contrastación crucial**. Por ejemplo, las **teorías** de **Einstein** y de **Newton** son rivales.

**Hipótesis singular: Hipótesis** que habla de casos particulares. Por ejemplo, la hipótesis de Le Verrier sobre la existencia de un planeta desconocido que causaba perturbaciones a Urano.

**Hipótesis teleológica:** Tipo de **hipótesis** donde la **explicación** de un **fenómeno** se hace teniendo en cuenta un fin u objetivo. Son frecuentes en **ciencias sociales** y económicas porque su **objeto** de estudio sólo puede explicarse en relación con las intenciones u objetivos de los **actores sociales**. Por ejemplo: "Cuando el **sistema** bancario entra en crisis los clientes retiran sus ahorros de los **bancos** para evitar perderlos en el caso de que quiebren." En biología son frecuentes las afirmaciones de apariencia **teleológica** pero desde que hay un consenso en favor de la **teoría** de **Darwin**, este modo de hablar es una abreviación de hipótesis de la teoría de la **supervivencia del más apto**. Por ejemplo: "Las ballenas tienen mucha grasa para protegerse del frío que hace en los lugares donde viven" es una abreviación de "en esos lugares hace tanto frío que cualquier mamífero semejante que haya surgido que no tuviera una protección térmica suficiente murió de frío y por tanto no pudo tener descendencia".

**Hipótesis teórica: Hipótesis** que contiene **términos teóricos**. Opuesto: **hipótesis empírica**. Por ejemplo, la hipótesis de **Freud** "En el **inconsciente** no rige el **principio de no contradicción.**"

**Hipotético deductivo:** Ver **método hipotético deductivo.**

**Holismo:** También llamado H de la **confirmación**, se trata de una posición que sostiene la imposibilidad de dar **apoyo inductivo** o de **refutar** una **hipótesis** aislada. Un **dato experimental** confirma, corrobora o refuta conjuntos de hipótesis y nunca a una hipótesis aislada, desde un punto de vista **lógico**. Por ejemplo, en una **refutación** participan varias hipótesis H1, H2...Hn en la **deducción** de una **consecuencia observacional** CO: **(H1. H2 ... . Hn)» CO.** Si CO resulta ser falsa (¬CO) -lo que se puede probar por *modus tollens*- es que es falsa la **conjunción** de todas dichas hipótesis: ¬(**H1. H2 ... . Hn**), lo que quiere decir que alguna de todas ellas es falsa, al menos una: (¬H1 v ¬H2 ... v ¬Hn). No hay una razón lógica para elegir una de ellas y determinar su falsedad, y cualquier razón experimental que pueda darse tendrá el mismo problema de que -para derivar una CO de alguna de esas hipótesis- van a necesitarse varias hipótesis más y por lo tanto sólo se contrastará la conjunción de todas ellas. Se llama H **semántico** a la posición que afirma la imposibilidad de dar cuenta del **significado** de los **términos** de una teoría de forma aislada. Por ejemplo, los llamados **términos observacionales** que se usan en las teorías no serían meras referencias a situaciones **empíricas** públicamente observables sino que parte de su **significado** estaría determinado por el rol que cumplen los términos dentro de la teoría y en especial dentro de una **contrastación**. Esta idea puede entenderse como la suma del H de la confirmación y el **criterio verificacionista del significado**, ya que si el significado de los términos y las proposiciones está determinado por las contrastaciones que permiten -y sólo se pueden contrastar conjunto de proposiciones no aislables- sus significados no parecen ser aislables tampoco.

**Hume, David** (1711-1776): Filósofo, historiador y psicólogo británico, figura clave del **empirismo**. Sostuvo que el hombre al nacer es como una página en blanco o **tabla rasa** que la **experiencia** va llenando. Las **ideas** surgen a partir de los sentidos y de las percepciones psicológicas. Las impresiones son las percepciones que se reciben directamente; pueden ser de sensación (sonidos, colores, etc.) o de reflexión (placer, dolor, tristeza, etc) mientras que las ideas son percepciones derivadas, copias de las impresiones (por ejemplo, los hechos de la fantasía o la memoria). Las ideas derivan de las impresiones y no representan a los **objetos** sino a éstas: no vemos ni tocamos a la silla en sí misma sino a sus cualidades sensibles (forma, dureza, color, etc), las cuales pueden ir variando. La silla es una colección constante de ideas simples, como "liso", "duro", "marrón", conjunto al que llamamos "silla", planteo que posteriormente fue la base del **asociacionismo** en **Psicología**. En este sentido, H estableció tres **leyes de asociación: ley de semejanza, ley de contigüidad** y **ley de causa-efecto**. Quizás su mayor aporte fue el análisis impecable que hizo de la causalidad y del **problema de la inducción**. Entre sus obras principales encontramos a: *Tratado sobre la naturaleza humana* (1739).

**Husserl, Edmund (1859-1938):** Filósofo y matemático alemán, fundador de la **fenomenología** y crítico del **empirismo**, el psicologismo y el relativismo. El psicologismo pretendía garantizar la validez de todas las **ciencias** a partir de una disciplina general: la **Psicología**. Así, explicaba las leyes lógicas y los **teoremas** matemáticos a partir de las respectivas operaciones mentales de los hombres. El **principio de no contradicción**, por ejemplo, tendría su fundamento en la enorme dificultad que tienen las personas para creer que p y que no p pueden existir al mismo tiempo. H contra-argumentó: la **ley lógica** dice que es absolutamente imposible que una **proposición** sea falsa y verdadera a la vez y la respectiva ley psicológica no puede ser el fundamento de semejante imposibilidad cuando ella misma se funda en una **inducción** a partir de un número fi-

nito de casos, mientras que la ley de no contradicción se refiere a un número infinito de casos. La inducción necesitaba una justificación que no fuera otro **razonamiento inductivo** (ver **problema de la inducción**). El error del psicologismo fue tomar a los teoremas matemáticos y lógicos por entes naturales cuando son en realidad intemporales y su justificación es *a priori* (la geometría no estudia éste o aquel triángulo que podemos dibujar sino un único triángulo ideal con propiedades no sujetas al cambio). H también criticó al **cartesianismo**, cuyo ideal eran las matemáticas y en especial su **método deductivo**, porque también las **ciencias formales** tendrían supuestos no justificados (el cartesianismo tendría pretensiones de justificación absoluta, ver **fenomenología**). Planteó por otra parte que lo que distingue a la **conciencia** es la intencionalidad y la capacidad humana de significar y dotar de **sentido** a las cosas. Entre sus obras principales encontramos a: *Ideas para una fenomenología pura y una filosofía fenomenológica* (1913).

# I

**Ideográfico:** Singular, particular. Opuesto: **nomotético**.

***Ignoratio elenchi* (conclusión inatinente):** Tipo de **falacia de atinencia** que trata de demostrar, a partir de un **razona-**

**miento**, una **conclusión** distinta de la esperada. Así, en un **juicio**, al tratar de probar que el acusado es culpable de asesinato, el **fiscal** acusador puede argumentar para demostrar que el asesinato es un horrible delito y lograr probar esta conclusión. La falacia está en tratar de vincular lo horrible del asesinato con la culpabilidad del acusado. Se trata, entonces, de apelaciones irracionales, emocionales, psicológicas (aunque puede cometerse la misma falacia usando un lenguaje neutro y frío).

**Imperativo categórico (Immanuel Kant):** **Ley moral** o mandato prescriptivo al que la voluntad debe obedecer incondicionalmente y que rige en forma inflexible la **conducta** de los hombres. **Kant** la formuló del siguiente modo: "Actúa de tal manera que creas que la **norma** de tus actos sirva de **ley universal** (como ejemplo para los demás)". En este sentido, la **moral** proviene de la **razón**.

**Implicación:** En **lógica**, "A implica B" significa que B se deduce lógicamente de A, es decir que es su **conclusión** lógica, siendo contradictorio que A sea verdadera y B falsa. En este sentido I es un **término** del **metalenguaje** y debe distinguirse del **condicional** que es una **conectiva lógica** del **lenguaje objeto**. "A implica a B" significa que puede deducirse en el lenguaje objeto B teniendo a A como única **premisa**, siguiendo las **reglas de transformación** del lenguaje objeto. En un sentido menos frecuente la expresión es equivalente a "Existe una

**derivación** de B a partir de A (en el sistema de lógica X)", es decir que es una afirmación **existencial** (I es, en este sentido, equivalente a **consecuencia sintáctica**). Por ejemplo: "(p . q) implica p", "p y q implican (p . q)" (las dos derivaciones existen, por lo que los ejemplos son **enunciados** verdaderos; se utilizan respectivamente la regla de eliminación de la **conjunción** y la regla de introducción de la conjunción, en un **sistema** de **deducción natural**).

**Implicación:** Ver **condicional**.

**Implicación contrastadora (Carl Hempel): Consecuencia observacional** de una **hipótesis** que sirve para poner a **prueba** a ésta. Por ejemplo, en el **experimento** en el que Redi puso a prueba la **teoría de la generación espontánea**, se daba el siguiente esquema: si la generación de gusanos es espontánea (A), entonces si se coloca un trozo de carne en un recipiente y luego se lo tapa (B), entonces aparecerán gusanos (C). Redi comprobó que la IC "(B) entonces (C)" era falsa: en la carne del frasco tapado no había gusanos, lo que refutaba a la teoría de la generación espontánea. De todas formas, la **verdad** de una IC no prueba (deductivamente) la verdad de la hipótesis de la cual esa implicación surgió. Es por ello que **Hempel** –partidario del **confirmacionismo**– apela a la **inducción**, ya que a mayor cantidad y variedad de IC favorables –y sin que haya ni una sola contraria– la hipótesis se verá confirmada, al recibir **apo-**

**yo inductivo.**

**Implicación lógica:** Un **enunciado** implica lógicamente otro, cuando lo que afirma el segundo está afirmado en el primero, de manera que es absolutamente imposible que el primero sea verdadero y el segundo falso. Ver **Implicación.**

**Implicación material:** Relación **lógica** que no sugiere ninguna conexión real entre **antecedente** y **consecuente.** Sólo afirma que no se da el caso de que el antecedente sea verdadero cuando el consecuente es falso. Ver **Implicación.**

**Implicado:** Ver **consecuente.**

**Implicante:** Ver **antecedente.**

**Imposibilidad:** Condición de aquello que no puede ser o suceder. Se opone tanto a la **posibilidad** como a la **necesidad.**

**Improbabilidad:** Condición de aquello que se cree que no puede ser o suceder. Opuesto: **probabilidad.**

*In adjecto*: Ver **contradicción** *in adjecto*.

**Inclusión:** Relación entre dos clases tal que A está incluida en B si y sólo si todos los miembros de A son miembros de B.

**Inconsistencia:** En **lógica**, relación de **contradicción** por la que de un **enunciado** se afirma que es al mismo tiempo verdadero y falso (A y no A). Un conjunto o un sistema de enunciados es inconsistente si se puede **deducir** de ellos una contradicción. La I es negada por el **principio de no contradicción.** Opuesto: **consistencia.**

**Independencia:** Un **axioma** es independiente si no se lo puede deducir del resto de los axiomas de su **sistema.** Si un axioma no es independiente es una falta de elegancia ubicarlo como axioma ya que se lo puede obtener igualmente como **teorema** a partir de los otros axiomas. Un **sistema axiomático** es independiente si todos sus axiomas son independientes, sino, se dice que es **redundante.** Para probar que un axioma $Ax_1$ de un sistema S es independiente deben seguirse los siguientes pasos: 1) Construir un sistema Z tal que tenga como axiomas a los axiomas de S, salvo por $Ax_1$ y que tenga como axioma a la **negación** de $Ax_1$, 2) Probar la **consistencia** de S, 3) probar la consistencia de Z.

**Indicadores de conclusión:** Ver **expresiones derivativas.**

**Indicadores de premisas:** Ver **expresiones derivativas.**

**Inducción:** **Método** de **razonamiento** deductivamente inválido por el que, partiendo de **hechos, observaciones** o **experiencias** particulares, se pueden descubrir y formular **enunciados** o **leyes generales.** Se dice que va de lo particular a lo general equivocadamente porque hay I de lo general a lo particular (por ejemplo: "todas las pelotitas que saqué de la bolsa eran negras, así que la próxima que saque será negra"). En la I, la **verdad** de las **premisas** no garantiza la verdad de la **conclusión**, sino que sólo existe cierto grado de **probabilidad** si se acepta que pueden asignarse estas medidas (**Popper** no lo aceptaba, decía que toda I tiene grado cero porque la **teoría** probabilística pura lo indica, ya que deben dividirse los casos conocidos por los infinitos casos desconocidos). Ante el **problema de la inducción**, hay posturas **inductivistas** (**Carnap**) y anti-inductivistas (**Popper**). Para éste, no debe decirse que la **ciencia** se basa en la I: se basa en la **abducción**, seguida de **deducción** (contrastadora).

**Inducción completa:** Llamado también **inducción** fuerte o matemática, es un **razonamiento deductivo** (de modo que no es inductivo, aunque el nombre parezca indicar lo contrario), que se usa para definir propiedades **universales** de los números y cuya **regla de inferencia** fundamental es el quinto **axioma de Peano.** Este **axioma** autoriza una estrategia de demostración en virtud de una **verdad** constituyente de la naturaleza de los números tal que en un número finito de pasos puede probarse que los infinitos números tienen alguna propiedad. Por ejemplo la propiedad de los números naturales de que, si se suman $1 + 2 + 3 + 4... + n$ (n es un número cualquiera donde se decida cortar la sucesión), el resultado de la suma es igual a $n (n + 1)$ dividido 2. También se usa la IC

para demostrar propiedades de los **sistemas axiomáticos.** En ambos casos se llama *metateorema* a la conclusión de una IC. También se llama IC a un **razonamiento** cuyas **premisas** enumeran todos los miembros de la clase a la que se refiere la **conclusión** Por ejemplo, tomamos como premisas que "Pulgar, índice, mayor, anular y meñique son dedos de la mano y tienen uñas" y sacamos como conclusión que "Todos los dedos tienen uñas." Lo que hay aquí es una premisa oculta: la que señala que pulgar, índice, mayor, anular, meñique -en total cinco dedos- son todos los dedos. Una vez explicitada la **inferencia** se llega a la conclusión: todos los dedos de la mano tienen uñas. Es, por lo tanto, un **razonamiento deductivo**, ya que sería contradictorio afirmar las premisas y negar la conclusión.

**Inducción enumerativa: Generalización empírica** que se induce a partir de la repetición de **experiencias** que permiten afirmar que estamos en presencia de una **regularidad**. Por ejemplo: "El sobre 1 es rectangular, el sobre 2 es rectangular..., el sobre 1.083 es rectangular (los 1.083 sobres examinados son rectangulares sin excepción), por lo tanto, todos los sobres son rectangulares."

**Inducción fuerte: inducción completa.**

**Inducción matemática: inducción completa.**

**Inductivismo (1620 ›):** Hay dos sentidos

distintos con los que se usa esta expresión y ambos son muy frecuentes. **1. (I estrecho)** Según el primer sentido el I es la **tesis** que dice que la **lógica** inductiva es la lógica que rige la práctica científica tanto en el **contexto de descubrimiento** como en el **contexto de justificación**. Esta tesis es históricamente antigua y hoy en día nadie la defiende. **2. (I amplio)** En otro sentido el I es la tesis de que la lógica inductiva es la lógica que rige la **justificación** de las **hipótesis** científicas, pero no suministra un **método** de descubrimiento universal. **1. I estrecho:** Corriente **epistemológica** que planteó que hay un método mecánico para extraer o enunciar una regla general o **ley** luego de que se han realizado una gran cantidad de observaciones. Por ejemplo: "Un cisne es blanco, dos cisnes son blancos, diez cisnes son blancos, cuatrocientos cisnes son blancos. **Conclusión:** Todos los cisnes son blancos". El I fue resumido con claridad por John Stuart **Mill** en su obra *Sistema de lógica deductiva e inductiva* (1843) y sigue siendo la idea que el hombre no instruido actualmente tiene de la **ciencia**. Este tipo de **razonamiento** se caracteriza por lo siguiente: a) la **conclusión** no se deriva deductivamente de las **premisas**, b) se efectúa un "salto lógico" o **"salto inductivo"** que va de casos particulares a una conclusión general (aunque puede ser también una conclusión particular pero sobre un caso no contemplado en las premisas) y, c) ya que este "salto inductivo" no es válido desde el punto de vista lógico puede su-

ceder que las premisas sean verdaderas y la conclusión, sin embargo, falsa. En síntesis, la **ciencia** y el **conocimiento** comienzan con la **observación** que, además, es neutral. Fue Francis **Bacon** en el siglo XVII el primero que dijo que la ciencia proviene de la **experiencia**, la observación sistemática de la naturaleza y la acumulación de **datos**, con el fin de detectar las regularidades y ordenar la reiteración de **fenómenos**. La secuencia del I es: **hechos** o datos registrados inicialmente-**inducción-experimento**-observación-**regularidad**-ley-**deducción-contrastación**-nuevos hechos o datos. Con variantes, el I fue visualizado como el método característico de todo **conocimiento científico** (opuesto a la especulación vacía de la **Edad Media**) por **Newton** –cuya física es el máximo **símbolo** del I-, **Copérnico**, **Kepler** y Harvey. La primera objeción importante al I provino del llamado **"problema de Hume"**, quien planteó que ninguna cantidad (que necesariamente es finita) de **enunciados observacionales** particulares es suficiente para extraer lógicamente de ellos un **enunciado general** o ley, en particular porque no hay ninguna seguridad de que el pasado se repita en el futuro. La crítica más fuerte se produjo a comienzos del siglo XX, bajo la influencia de autores como Henri Poincaré y Pierre Duhem y, sobre todo, por la toma de distancia que experimentó el **Círculo de Viena**. La ruptura con el I surgió a partir del llamado **"problema de la I"**, la crítica parcial del **I amplio** o **confirmacionismo**, de R.

**Carnap** y C. **Hempel** y –fundamentalmente- del surgimiento del **método hipotético deductivo** de **explicación** científica. **2. I amplio** o **confirmacionismo:** en el siglo XX el I estrecho fue duramente criticado, entre otros por Hempel quien le dio este nombre peyorativo. Los nuevos inductivistas plantearon que no puede realizarse ninguna **investigación** científica sin hipótesis, porque las hipótesis guían a la investigación, son su punto de partida, porque indican qué datos son relevantes para resolver un **problema.** Argumentaron que acaso haya científicos que crean que investigan sin prejuicios, pero inconscientemente los tienen y por eso prestan atención a ciertos hechos y no a otros. Los nuevos inductivistas afirmaron que la lógica inductiva gobierna la racionalidad científica, pero sólo allí donde la ciencia tiene un método riguroso a la hora de evaluar si una hipótesis es, o probablemente sea, verdadera o falsa. La **comunidad científica** no va a rechazar una hipótesis porque haya sido descubierta de un modo extravagante (por ejemplo, si se le apareció a alguien en un sueño o rezando en una iglesia) sino que lo hará si la hipótesis no se adecua a la experiencia. Establecer si una hipótesis está o no de acuerdo con la experiencia es tarea de una **contrastación.** Para esta corriente, la justificación de una hipótesis (llamada "**confirmación**") es inductiva (esto se debe a que se trata de un **razonamiento inválido**: la conclusión podría ser falsa a pesar de que las premisas sean todas verdaderas).

En una justificación se afirma que una hipótesis universal es probablemente verdadera sobre la base de que se ha cumplido lo que la hipótesis afirma en general (para todo X se da la propiedad F) aunque solamente en un número pequeño de casos (para los casos observados se dio la propiedad F). Pertenecen también a esta corriente **Russell**, **Carnap** y **Reinchenbach**, miembros del **empirismo lógico** del **Círculo de Viena**, en la década de 1930. El I amplio fue criticado por Karl **Popper**, quien defendió la tesis de que la lógica científica es deductiva (en el contexto de justificación) y sostuvo que no existen los "hechos en bruto": todos los hechos están cargados de **teoría.**

**Inferencia:** Se emplea el **término** I para designar a cualquier clase de **razonamiento**, incluso a aquellos que son incorrectos. Un razonamiento es todo paso desde ciertas **premisas** hacia una **conclusión.** Hay por tanto I válidas e inválidas. Nexo lógico que permite obtener de uno o varios conocimientos, un nuevo **conocimiento.** También se la puede definir como el **proceso** por el cual se llega a una **proposición** y se la afirma sobre la base de otra u otras proposiciones aceptadas como punto de partida. Las I permiten obtener **estructuras** lógicas de todo tipo. Entre estas estructuras se encuentran los razonamientos. No hay razonamiento sin I, sin esa operación de "salto lógico" que va de un conocimiento a otro; pero puede haber I sin razonamiento (aunque autores como **Deaño** los consideran sinónimos). La I queda indicada por términos como "por lo tanto", "por consiguiente", "en consecuencia"; también por una barra horizontal, por un triángulo de puntos \ o una barra inclinada /.

**Inferencia estadística: Inferencia** que supone el uso de observaciones muestrales de una parte de una población (muestra) para inferir algo acerca de las características desconocidas del conjunto o bien para generalizar los resultados de la muestra a una población desconocida más grande. Por ejemplo, las encuestas electorales o de opinión.

**Inferencia inductiva (confirmacionismo): Inferencia** que toma como **premisas** a **fenómenos** observados y llega a una **conclusión** probable sobre fenómenos no observados. Por ello –a diferencia de la **deducción**- la **verdad** de sus premisas no garantiza la verdad de la conclusión. El término forma parte del **lenguaje** del **confirmacionismo** y ha sido duramente criticado por K. **Popper**, quien le niega toda entidad. Por ejemplo: "Nunca me cayó mal el mate por lo tanto no me va a caer mal ahora".

**Inferencia inmediata:** Una II es un **razonamiento** que tiene una sola **premisa**. Hay II válidas, por ejemplo: "(premisa) Hoy es jueves, por lo tanto, (**conclusión**) hoy es jueves o martes." Opuesto: **inferencia mediata**.

**Inferencia mediata:** Una IM es un **razonamiento** que tiene más de una **premisa**. Opuesto: **inferencia inmediata**.

**Inferir:** Obtener **proposiciones** a partir de otras proposiciones. Obtener **conocimientos** a partir de otros conocimientos.

**Interpretación:** Hay I cuando se otorga un **significado** a todas las expresiones de un **sistema formal** o **cálculo**, convirtiendo las fórmulas en **enunciados** de los que se puede establecer su **verdad** o falsedad. Los sistemas tienen **términos primitivos** y **términos definidos** (a partir de los términos primitivos), por lo cual basta con asignar significado a los primeros para interpretar todo el sistema. Los **términos lógicos** no están sujetos a I porque son constantes; su significado está asignado por la **lógica** subyacente al sistema. La I es un conjunto ordenado que tiene un dominio y una función que asigna **individuos** y clases de individuos a los términos primitivos (ya que son **símbolos** de un **lenguaje** de **predicados** y los predicados se definen extensionalmente: por ejemplo, el predicado "x es un perro" se define como la clase o el conjunto de todos los perros. Y si digo que algunos perros son marrones, estoy diciendo que hay una intersección entre el conjunto de los perros y el conjunto de las cosas marrones). Si el sistema tuviera un lenguaje proposicional, lo que es infrecuente, no se asignaría significado a términos sino a **formas proposicionales** (por ejemplo: p = Andrés desayuna). Un mismo **sis**

**tema axiomático** puede tener distintas I. Las I que hacen verdaderos a todos los axiomas del sistema son **modelos** del mismo.

**Irrefutable:** Afirmación o argumento que no se puede refutar (que una tesis no haya sido refutada aún no quiere decir que sea I). Según **Popper**, una **hipótesis** I no es una hipótesis científica. Es el ideal del **fundacionismo** poder acumular en un sistema afirmaciones I.

# J

**Juicio:** **Afirmación** o **negación** de una **proposición.** No es un J, por ejemplo, comprender el **significado** de "Mi vecina está loca" cuando uno todavía no sabe si esto es cierto o falso. Pero una vez que hemos comprobado que está loca tenemos un J: "(Es un hecho que) mi vecina está loca", que es la combinación de comprender el significado de un **enunciado** y además creer o afirmar que es verdadero. En **lógica matemática**, un J es una expresión correctamente construida del **lenguaje formal.**

**Juicio a priori:** Ver *a priori.*

**Juicio a posteriori:** Ver *a posteriori.*

**Juicio analítico (Immanuel Kant):** Enunciado que no va más allá de los **significados** de los **términos,** y que no nos dice nada acerca del mundo real. Por ejemplo, para saber que "Todos los perros son animales" no necesitamos acudir a la realidad para observar perros, ya que -por definición- ser animal es una característica de los perros. Lo único que cuenta es el análisis (de allí "analítico") de los términos, las relaciones de **significación** entre los términos (ver también **enunciado analítico**). Opuesto: **juicio sintético.**

**Juicio apodíctico:** **Enunciado** que expresa la **necesidad** de que S sea P o, lo que es lo mismo, la **imposibilidad** de que S no sea P. Por ejemplo: "Es imposible que no me haya dicho la verdad". A veces se llama JA a cualquier expresión de **modalidad alética.** Otras veces se usa como sinónimo de JA verdadero.

**Juicio asertórico:** **Enunciado** o **juicio** en sentido propio de la forma "S es P", en el que no se expresa **modalidad.** Por ejemplo: "la marea está alta".

**Juicio categórico:** Juicio o **enunciado** que afirma que determinado **sujeto** (S) tiene una propiedad (P). Este tipo de juicio dio lugar al **silogismo categórico.** Por ejemplo: "**Argentina** está en América".

**Juicio de valor:** **Enunciado** sobre lo que debe ser. Por ejemplo: "Es injusto que los despidan".

**Juicio fáctico:** **Enunciado** sobre lo que es. Por ejemplo: "Despidieron a treinta empleados".

**Juicio sintético (Immanuel Kant):** Enunciado que tiene contenido **fáctico**, ya que va más allá de los **significados** de los **términos**, diciéndonos algo acerca del mundo. Por ejemplo, "La luna gira alrededor de la Tierra" es un juicio de este tipo (ver **enunciado sintético**).

**Juicio sintético *a priori* (Immanuel Kant): Enunciado** que es **sintético** -porque dice algo acerca del mundo- y es *a priori* -porque se lo puede saber con certeza sin recurrir a la **experiencia** para justificarlo-. Los **empiristas** se oponen a la idea de que existan JSAP. Pero **Kant** dice que la geometría es absolutamente cierta -ya que de ciertos **axiomas** se deducen **teoremas**-, lo es de una manera que no requiere justificación por la **experiencia** y sin embargo habla acerca del mundo **empírico**. Se la justifica por intuición (por ejemplo, no hace falta dibujar dos puntos y trazar una línea para saber que sólo es posible trazar una línea recta entre dos puntos). La geometría es *a priori* pero nos está diciendo algo acerca del mundo -la **estructura** real del mundo- y por lo tanto usa **juicios sintéticos**. Pero no es *a posteriori* porque -a diferencia de una **ley empírica**- nunca va a suceder que un **dato** real contradiga el **Teorema** de **Pitágoras**. En la actualidad se advierte el error de Kant: consistía en no darse cuenta de que hay dos tipos de geometría: una matemática y otra física. La primera es **analítica** y *a priori* (**geometría euclidiana**), no dice nada del mundo, es una estructura lógica que relaciona **axiomas** y teoremas. La geometría física, en cambio, se ocupa de la aplicación de la geometría para el mundo. Aquí, un punto es una posición real en un espacio físico. La geometría matemática es *a priori*. La geometría física *a posteriori*. Así, hoy muchos sostienen que la categoría "sintético y *a priori*" es vacía, que no existe de ella ningún caso y que no se puede formular un **enunciado** que combine la certeza lógica con el conocimiento de la estructura geométrica del mundo. Hay, sin embargo, defensores contemporáneos de la **tesis** kantiana de que existen JSAP (por ejemplo, Saul Kripke), aunque no dan los mismos ejemplos: toda la **ciencia fáctica** es *a posteriori*, pero la filosofía no parece serlo y tampoco pretende ser **analítica**. Otros filósofos, como Quine, rechazaron la distinción analítico-sintético. Ver *a priori*.

**Juicios categóricos de valor:** Según la definición de **Hempel**, **enunciados** que no describen **hechos**, no contrastables, donde cabe la pregunta de si es o no correcto "hacer B para obtener A". Es un enunciado **expresivo** o **directivo**, es decir, que puede señalar **normas** o criterios que evalúan pragmáticamente algunas decisiones metodológicas que no pueden justificarse por otros medios. Por ejemplo, un **juicio** acerca de un criterio que pretenda determinar en qué condiciones una **inducción** es una razón suficiente para creer en la **verdad** de su **conclusión**.

**Juicios instrumentales de valor:** Según la definición de **Hempel**, **enunciados condicionales** del tipo "Si queremos lograr A (por ejemplo, prolongar la vida de un paciente con daño cerebral irreversible), necesitamos hacer B (conectarlo a un respirador artificial)", donde B es un medio para obtener A, que es un fin. Se trata de un **enunciado** que habla de **hechos** empíricamente contrastables.

**Justificar:** Ofrecer argumentos en favor de la corrección de una **hipótesis** o **teoría**. Todas las disciplinas están caracterizadas por tener, además de un **objeto** de estudio, reglas o criterios de **validez** que determinan qué argumentos son incontestables, necesarios o inatinentes para probar una **tesis**.

# K

**Kant, Immanuel (1724-1804):** Filósofo alemán, recibió influencias de la crítica **empirista** de Hume, la **Ilustración** alemana (**Leibniz**), el **protestantismo** y la física de **Newton**. Considerado fundador del **idealismo** alemán criticó, sin embargo, tanto al **racionalismo** de **Descartes** como al empirismo de Hume, ya que consideraba que ambos son formas del **realismo** y plantean que el **sujeto** que conoce recibe a un **objeto** ya dado, es decir, que el sujeto se limita a reflejar al objeto. **Kant**, por el contrario, sosten-

drá que el sujeto *elabora* el objeto, debido a que la **experiencia** se apoya en el **yo trascendental**, que es la síntesis *a priori*. De este modo, buscó una postura intermedia entre el empirismo y el racionalismo. Del primero acepta que el **conocimiento** proviene de una experiencia, es decir, que es *a posteriori*. Sin embargo, da un papel muy importante a la mente porque ésta permite incorporar las sensaciones a las **estructuras** mentales, permitiendo un conocimiento *a priori*. De él decía **Lenin:** "Cuando K admite que cierta **"cosa en sí"**, fuera de nosotros, debe corresponder a la representación que nos formamos de ella, es **materialista;** cuando declara imposible conocer esta "cosa en sí", se vuelve idealista." Sus dos obras claves fueron *Crítica de la razón pura* (1781) y *Crítica de la razón práctica* (1788).

**Kantismo:** Filosofía de **Kant** y del **neokantismo**, basada en el **idealismo trascendental** y el criticismo. Según Kant, el intelecto aprehende las cosas a partir de las sensaciones físicas, el **fenómeno**, pero nunca puede captar la realidad profunda del mundo exterior, el **noúmeno**, que es el **objeto** de la **metafísica** y es indemostrable. La **experiencia** demuestra que el hombre siente la necesidad de actuar de acuerdo con el **imperativo categórico**, en base a la libertad, la inmortalidad del alma y Dios.

L

*La lógica de la explicación* (Carl Hempel y Paul Oppenheim, 1948): Artículo que desarrolla una presentación clásica de la **estructura** de las explicaciones científicas, conocida como **"modelo de cobertura legal"**. La idea básica de este modelo es que proporcionar una **explicación** sobre un hecho consiste –fundamentalmente- en mostrar que obedece a determinadas **leyes**. Esta obra sigue siendo hoy una referencia para quienes abordan el tema de la explicación, ya sea para criticarla o para seguir su línea.

*La lógica de la investigación científica* (Karl Popper, 1934): Obra en la que este autor, defensor del **método hipotético deductivo,** se ocupa de establecer un **criterio de demarcación** que permita distinguir la **ciencia** de lo que no lo es. **Popper** propuso el **principio de refutabilidad** como condición para que una **hipótesis** sea genuinamente científica. Además criticó la postura que sostiene que los **enunciados básicos** son infalsables y que son el suelo firme a partir del cual se edifica la ciencia.

**La naturaleza está escrita en caracteres matemáticos (Galileo Galilei):** Según algunos autores (Koyré) se trata de una creencia de la **ciencia moderna** y el **racionalismo,** que dirá que la naturaleza está determinada *a priori* en forma racional. **Galileo** se inclinaba por un método *a priori* de alcanzar la **verdad** que -debido a la **estructura** matemática del mundo- no tenía necesidad de **verificación** sensible, es decir, que no era necesario ponerla a la **prueba** de los sentidos. Sin embargo, Galileo sostenía que la matemática no es una verdad *a priori*, sino un **método** de expresión y **razonamiento** preciso que evita las arbitrariedades **subjetivas** de la **filosofía escolástica medieval.**

**Lenguaje artificial:** Conjunto de **símbolos** y sus **reglas de formación**, creados no espontáneamente sino de forma deliberada para resolver o simplificar problemas, para axiomatizar **teorías** con claridad (no todos los **sistemas axiomáticos** usan un LA; se llaman *sistemas formalizados* si su lenguaje es artificial y *no formalizados* si usan un **lenguaje natural**). Entre las virtudes de los LA se destaca el hecho de que hay un algoritmo o procedimiento mecánico para determinar si una **fórmula** está bien formada y que el problema del **significado** de sus **proposiciones** se reduce al problema del significado de sus **términos primitivos** (ver **interpretación**). Al estar estrictamente reglado, es una herramienta invaluable para posibilitar la **comunicación** inequívoca y el acuerdo entre los científicos, incluso de distintas épocas y países (ver también **lenguaje formal**).

**Lenguaje formal: Lenguaje** al que se le han eliminado **términos** del lenguaje ordinario y sólo se emplean **símbolos** arbitrarios, de cuyo **significado** se prescinde con el fin de dirigir la atención a las relaciones entre los símbolos. Se usa en álgebra o **lógica**. Por ejemplo, "(a + b) = (b + a)". (Ver también **lenguaje artificial**).

**Ley causal:** Ver **explicación causal**.

**Ley científica: Proposición general** de considerable poder explicativo-predictivo acerca de alguna **regularidad** en el orden de una cierta región de **hechos** o clase de **fenómenos**. Por ejemplo, la **ley de gravitación universal** de **Newton**.

**Ley de causa-efecto (David Hume):** Una de las tres **leyes de asociación**, la LCE vincula un **fenómeno** con otro, estableciendo que uno es **causa** del otro, que es su **efecto**. Por ejemplo, cuando pensamos en una persona que corre lo asociamos con la idea de que su corazón latirá más rápido.

**Ley de contigüidad (David Hume):** Una de las tres **leyes de asociación**, la LC vincula un **fenómeno** con otros que lo rodean. Por ejemplo, cuando pensamos en tres medialunas las asociamos con la idea del café con leche que suele acompañarlas.

**Ley de De Morgan para la conjunción:** **Ley lógica** cuya forma es: $\neg$ (p . q) ć ($\neg$p v $\neg$q).

**Ley de semejanza (David Hume):** Una de las tres **leyes de asociación**, la LS

vincula un **fenómeno** con otros parecidos. Por ejemplo, cuando pensamos en el diario Clarín, lo asociamos con la idea de otros diarios (La Nación, Página 12, etc).

**Ley empírica:** Parte de la **estructura** de una **teoría** científica, convencionalmente denominada **"nivel 2"**. **Enunciado** científico o **hipótesis** que puede ser confirmado directamente mediante **observaciones empíricas**, a través de **fenómenos** que pueden observarse directamente. A diferencia de la **afirmación empírica singular** ("nivel 1"), las LE son enunciados acerca de fenómenos observables también, pero con un alcance universal, porque se refieren a todos los casos posibles de ese tipo de fenómeno (también pueden ser existenciales o estadísticos). Por ejemplo, la **ley** que establece que "Todos los metales se dilatan al calentarse", o la que establece que "Si se mantiene constante la temperatura de un gas el producto del volumen por la presión es también constante". Estas leyes contienen **términos** directamente observables por los sentidos o mediante técnicas relativamente simples. Son leyes que se usan para explicar **hechos** observados y para predecir sucesos futuros observables.

**Ley estadística: Ley científica** que afirma que cierto **fenómeno** se produce en un determinado porcentaje de casos, pero nunca en todos los casos. Por ejemplo, "Las manzanas maduras, por lo general, son rojas", o "Aproximadamente la mitad de los niños que nacen son varones". Cuando tenemos una LE, la **predicción** derivada de ella será **probable**, como es el caso de la meteorología: no se puede afirmar que mañana lloverá, sino que es probable que llueva. En la **vida cotidiana**, predomina la **lógica** de la **probabilidad**: sin darnos cuenta, giramos el picaporte y "sabemos" que la puerta muy probablemente se abrirá.

**Ley fáctica:** Ver **ley empírica**.

**Ley general:** Ver **ley universal**.

**Ley lógica:** Es toda **forma proposicional** tal que, si sustituimos sus **variables** por **constantes** descriptivas adecuadas a su categoría **semántica**, el resultado será siempre una **proposición** lógicamente verdadera. Todos los ejemplos de sustitución o **interpretaciones** de una LL deben ser verdaderos. También se las llama **tautologías**. Por ejemplo: "Ser o no ser", "Si la manzana es roja, entonces la manzana es roja".

**Ley probabilístico-estadística:** Ver **ley estadística**.

**Ley teórica:** Ley o **hipótesis** ("nivel 3") que contiene **términos** no observables, y describe entidades tales como moléculas, electrones, protones, campos electromagnéticos, etc. La **confirmación** de una LT es indirecta, porque sólo se produce a través de la confirmación de **leyes empíricas** derivadas de la **teoría**. El valor de una LT radica en su po-

der de predecir nuevas leyes empíricas. También se la llama *ley abstracta* o *hipotética*.

**Ley universal:** Se trata de una **proposición** del tipo: "En todos los casos en los que se da el **fenómeno A**, se da también el fenómeno B." Si una **regularidad** se observa en todo tiempo y lugar, sin excepción, estamos ante una LU, como "El hielo es frío". Las LU se expresan en un **enunciado condicional** universal, que dice que "Si x es P, entonces x también es Q: (x) (Px › Qx)", donde (x) es el **cuantificador universal**: un **enunciado** que habla de todos los casos de x; "Px" significa que x es P y "Qx", que x es Q. El **símbolo** "›" es una **conectiva**, que significa "**si...entonces....**" Por ejemplo, en física podemos decir que "Para todo cuerpo x, si se lo calienta, x se dilatará" (ley de dilatación térmica). Las **leyes científicas** suelen tener una **forma lógica** más compleja, pero esta simplificación alcanza para explicar lo que es una cuantificación universal. Cabe aclarar que la expresión "para todo x" siempre significa "para todo x en el Dominio" y el Dominio nunca refiere a la totalidad del universo. La expresión "todos los perros bajitos, que ladran mucho, tienen voz aguda, son tuertos, tienen puesto un moño en la cabeza y hacen pis en los zapatos de la gente tienen por dueños a señoras mayores" es una LU a pesar de que 1) el antecedente restringe excesivamente los casos, 2) carece absolutamente de interés científico y 3) es falsa. Las

LU implicadas en las explicaciones no se obtienen sino raramente por **generalización inductiva** a partir de casos particulares: por lo general se trata de meras **hipótesis** o **conjeturas**. Son la base de la **explicación nomológico-deductiva**.

**Leyes de asociación (David Hume):** Leyes fundamentales del **empirismo** y el **asociacionismo**. **Hume** distingue tres LA: **ley de semejanza, ley de contigüidad** y **ley de causa-efecto** (ver todas estas entradas).

**Leyes de la asociación:** Ver **leyes de asociación**.

**Leyes de la dialéctica:** Planteadas por **Hegel** y reformuladas por **Engels** y **Lenin,** las LD son las siguientes: 1) toda cosa es la unión de contrarios (**ley de la coincidencia de los opuestos**), 2) todo cambio se origina en una oposición o contradicción (**ley de la negación de la negación**) y 3) la cantidad y la calidad se transforman entre sí (ley del paso de la cantidad a la calidad).

**Leyes de De Morgan: Leyes lógicas,** cuyas **formas lógicas** son: 1º LM: ¬ (A . B) ß› (¬A v ¬B), 2º LM: ¬ (A v B) ß› (¬A . ¬B).

**Leyes lógicas:** Ver **principios lógicos** y **ley lógica.**

**Lógica:** Estudio de los **métodos** y principios usados para distinguir el buen **razonamiento** del malo. Disciplina que estudia los principios o reglas de la **validez** o **invalidez** formal e informal de la **inferencia,** es decir, la reglas que hacen a un **razonamiento deductivo.** Hay una L de la **inducción** pero no está incluida en la L en el sentido estrecho, que es el más frecuente. La L se basa en tres principios básicos: **principio de identidad, principio de no contradicción** y **principio del tercero excluido.** El surgimiento histórico de la L está ligado a la obra de **Aristóteles** *Organon*, en el siglo IV a.C., donde el filósofo reúne los escritos de autores anteriores y plantea nuevos conceptos como el de **silogismo.** La base fundamental de la L se mantendrá hasta fines del siglo XVIII y el siglo XIX, cuando surge y se desarrolla la **L moderna,** con los aportes matemáticos de G. Boole, G. **Frege,** G. **Peano** y C. **Peirce.** A principios del siglo XX, la **L matemática** o **L simbólica** dio un nuevo giro, de la mano de autores como B. **Russell** y A. **Whitehead.** A la L o L con principio de identidad, se le opuso la **L dialéctica** (**Hegel**), que planteó que los **conceptos** y los **objetos** son y al mismo tiempo no son idénticos a sí mismos, ya que están envueltos en un **proceso** de desarrollo y cambio permanente (desde un punto de vista, no sería estrictamente una L, sino una **metafísica**).

**Lógica aristotélica:** También llamada **lógica clásica,** era fundamentalmente una **lógica** de los **términos,** por lo que carecía de una **teoría** de los **razonamientos** proposicionales y de las relaciones entre las **proposiciones,** a las que estudiarían con detenimiento los **estoicos,** (aunque **Aristóteles** había identificado algunas **formas proposicionales** válidas, como el *modus ponens,* no desarrolló las reglas generales). Se llamó *silogística* a la lógica de términos y *silogismos* a los razonamientos que contenían proposiciones de la forma "todos los S son P", "Algún S es P", etc. Aristóteles no estudió las **proposiciones singulares** ("a es P") porque su interés en la lógica se reducía al de la lógica científica y para él la **ciencia** sólo razonaba deductivamente acerca de proposiciones generales. Su **lenguaje** simbólico no era aún lo suficientemente económico para operaciones lógicas de complejidad (de ello se encargará la **lógica formal**). La LA abarca el período histórico desde la obra lógica que luego se llamó *Organon* (**Aristóteles,** siglo IV a.C.) y si exceptuamos a la **lógica proposicional,** fue la única lógica hasta la mitad del siglo XVIII.

**Lógica binaria:** La LB se maneja con dos posibilidades o **valores de verdad** –sí o no, verdadero o falso- y se funda en los **principios de no contradicción** y **del tercero excluido.** Hay también **lógicas** multivalentes, con más de dos valores de verdad (por ejemplo: sí, no e indeterminado).

**Lógica clásica:** Es el conjunto de la **lógica proposicional** y la **lógica aristotélica** tal como fueron desarrolladas hasta que Boole y principalmente **Frege** hicieron los aportes con los que se inicia la **lógica contemporánea** (que incluye la intro-

ducción de un **lenguaje artificial** inspirado en el **cálculo** matemático y la **lógica de predicados** de orden superior, en la que hay predicados de predicados, predicados de predicados de predicados, etc.). También se usa el nombre de LC para referir a las lógicas regidas por el **principio de identidad,** el **principio de no contradicción** y el **principio del tercero excluido** distinguiéndolas del resto de las lógicas.

**Lógica contemporánea:** La LC es la **lógica** iniciada por los trabajos de G. Boole, G. **Frege,** G. **Peano** y C. **Peirce** a los que se sumaron los desarrollos posteriores que se hicieron en esta dirección hasta nuestros días. La LC se caracteriza por un cálculo, cuyo lenguaje creó Frege (aunque los **símbolos** que usó fueron reemplazados por otros), de **lógica de predicados** de primer orden y de órdenes superiores, y por el desarrollo de la **metalógica,** disciplina que estudia los **sistemas** lógicos con instrumentos matemáticos (y allí donde éstos encuentran sus límites, surge la **filosofía** de la lógica).

**Lógica cuantificacional:** Parte de la **lógica formal** llamada también **lógica de predicados,** que analiza la **estructura** interna de las **proposiciones,** esto es, la relación **sujeto-predicado** lógicos, que no son siempre idénticos a los gramaticales. Por ejemplo, en la oración "María y Juan comieron un asado" los sujetos o argumentos son tres: María, Juan y el asado y el predicado se define como:

Cxy = x comió z; de modo que la oración se formaliza así: "Cma . Cja" ("María comió asado y Juan comió asado"). La LC tiene dos operadores llamados **cuantificador existencial** y **cuantificador universal** que permiten simbolizar proposiciones como "Todos comieron asado" = "(x) Cxa" o "María comió algo" = "Ex Cmx o "Todos comieron algo" = "(x) Ey Cxy". Hay **inferencias** válidas cuya **forma lógica** sólo puede comprenderse mediante el análisis interno de las proposiciones y por tanto la LC es más "poderosa", ya que permite demostrar más tautologías que la **lógica proposicional**. Por ejemplo, la inferencia: "María comió asado por lo tanto *algo* comió" (Cma / Ex Cmx) en lógica de predicados es inválida (p / q). Y por la misma razón, la fórmula "p › q" es **contingente**, mientras que "Cma › Ex Cmx" es una **tautología** (ver también lógica de predicados y **modalidades aléticas**).

**Lógica de enunciados:** Ver **lógica proposicional**.

**Lógica de la inducción:** Ver **lógica empírica**.

**Lógica de los conjuntos (George Boole):** La LC es el tipo más elemental de **lógica** y opera con dos **conceptos** fundamentales: "elemento" y "conjunto". Se ha llamado así a la **teoría** de conjuntos aplicada a la lógica. Su aplicación consiste en representar los **predicados** como clases o conjuntos y a los **individuos** de los que se predican propieda-des como elementos de los respectivos conjuntos. Por ejemplo, si se predica la propiedad P de tres **individuos** (Pa, Pb y Pc), se dice que a, b y c son elementos que pertenecen a P o miembros de P. La **lógica de predicados** contemporánea interpreta de este modo a los predicados y los nombres de **individuos**.

**Lógica de predicados:** La LP se inicia con la silogística aristotélica que se limitaba a los predicados monádicos o de un único argumento (S es P). A partir de los aportes de **Frege** se desarrolló una LP más poderosa en la que los predicados pueden tener más de un **sujeto** o argumento. Frege mostró que la relación sujeto-**predicado** gramatical no expresa necesariamente la relación sujeto-predicado lógica e inventó un lenguaje para explicitar esta última. Uno de sus ejemplos es el par de oraciones "Los griegos derrotaron a los persas" y "los persas fueron derrotados por los griegos". Los sujetos gramaticales de las oraciones son diferentes ("los griegos" y "los persas" respectivamente) pero desde un punto de vista lógico ambas expresan la misma proposición. El predicado de esta **proposición** no tiene un sujeto sino dos, es decir que es una relación y se la puede graficar así: Dxy = x derrotó a y. Gracias a este descubrimiento, la lógica de Frege -a diferencia de la de **Aristóteles**- permite demostrar las **inferencias válidas** en las que intervienen relaciones de manera esencial, por ejemplo la relación "menor que" en el **razonamiento** matemático: "2 ‹ 4 y 4 ‹

9, por lo tanto 2 < 9" (ver también **lógica cuantificacional**).

**Lógica deóntica (G. H. von Wright, década de 1950):** **Lógica** modal, sin **valores de verdad** o falsedad. Utiliza los llamados operadores **deónticos:** prohibido, permitido, obligatorio y facultativo.

**Lógica dialéctica:** Conjunto de **principios lógicos** basados en la **dialéctica**, especialmente **hegeliana** y **marxista**. Existen tres **leyes de la LD: negación de la negación** (toda realidad encierra su negación), paso de la cantidad a la calidad (la realidad cambia por una acumulación de fuerzas) y coincidencia de los opuestos (los elementos en contradicción forman parte de una misma unidad). Opuesto: **lógica clásica**.

**Lógica empírica (John S. Mill):** Metodología del **conocimiento científico** basada en **generalizaciones empíricas** o abstracciones.

**Lógica formal (mediados del siglo XIX >):** Rama de la **lógica** especializada en el **cálculo** o **lógica matemática**. Este es un concepto ideado por **Leibniz** quien creía que a partir de un **lenguaje artificial** estrictamente reglado como las matemáticas y en el que se pudieran traducir legítimamente las **proposiciones** del **lenguaje natural** en **símbolos**, podrían resolverse las disputa filosóficas de manera definitiva, como sucede con las ecuaciones matemáticas. Esta lógica se caracteriza, entre otras cosas, por el establecimiento de la lógica de las **proposiciones** y de la cuantificación y por la agilidad operativa gracias al uso del simbolismo de inspiración matemática. También llamada **lógica simbólica**, sus fundadores fueron Gottlob **Frege**, George Boole (1815-1864) y Augustus De Morgan, quienes intentaron formalizar la lógica de los **silogismos** aristotélicos y hacerla más poderosa. Su obra más importante es *Principia Mathematica* (1913), de los lógicos ingleses Bertrand **Russell** y Alfred **Whitehead**. También representan a esta corriente G. **Peano** y C. **Peirce**. Conocida también como **lógica nueva** o **logística**, se divide en dos grandes grupos: **lógica proposicional** o **lógica de enunciados** y **lógica de predicados** o **lógica cuantificacional**.

**Lógica matemática:** Ver **lógica formal**.

**Lógica moderna:** Ver **lógica formal**.

**Lógica nueva:** Ver **lógica formal**.

**Lógica proposicional:** Parte de la **lógica formal** que analiza los **razonamientos** según las relaciones entre las **proposiciones** o **enunciados**.

**Lógica simbólica:** Ver **lógica formal**.

**Logicismo:** Programa iniciado por G. **Frege** y continuado por B. **Russell** que buscaba demostrar que la matemática se reduce a la **lógica** (es decir, se puede deducir de ella). El L fue abandonado cuando se demostró que tanto la aritmética (y por tanto el resto de la matemática) como la lógica se pueden deducir de la **teoría** de conjuntos. A esto se llama "el fracaso del L" por la idea de que la teoría de conjuntos pertenece a la matemática y no a la lógica y de que, por tanto, lo que se demostró es lo inverso de lo que se quería demostrar: la lógica se reduce a la matemática. Pero muchos no consideran esto un fracaso en absoluto, ya que el L pudo mostrar la continuidad que existe entre la matemática y la lógica, al punto de que llamar "matemática" a la teoría de conjuntos parece ser una apreciación meramente histórica (Cantor, su creador, era matemático).

**Logística:** Ver **lógica formal.**

# M

**Materialismo dialéctico (marxismo):** Se llama con este nombre a las **doctrinas** de **Marx** y de **Engels** y a doctrinas posteriores que desarrollaron sus ideas. Se lo llamó así para diferenciarlo del **idealismo dialéctico** de **Hegel** ya que su herencia hegeliana es puramente metodológica: el MD es anti-idealista. El **método** del MD pone el énfasis en el **proceso** y no en el estado, en la conversión y no en el **ser,** en "la película" y no en "la foto", en las relaciones entre las partes y no en las partes aisladas, en la contradicción y en el movimiento. Se diferen-

cia del método de Hegel en que es menos especulativo, incorporando en los argumentos **datos** estadísticos y, en general, incorporando la **historia** en términos económicos y de **lucha de clases** y no ya la historia entendida como los pormenores de un **espíritu absoluto.** Una idea central de esta doctrina es la de que la vida espiritual es una **superestructura** de la **estructura** fundamental de las **relaciones de producción,** es decir, que la **ideología** o cosmovisión de las diferentes **clases sociales** en un momento histórico y sus **instituciones** están condicionadas por el lugar que ocupan en el "mapa" de la **economía** (en este sentido es materialista el MD clásico: las condiciones materiales puede ser **causa,** puede causar, en la medida en que la **sociedad** es un entramado de pactos implícitos sobre la **propiedad** de **bienes** económicos). El MD sostiene que hay **leyes** históricas que se conocen *a posteriori*, pero éstas no son leyes constantes como las físicas sino evolutivas: explican **procesos** que no se repiten. La historia es la resultante de fuerzas en conflicto y cuando un conflicto es suficientemente importante produce una ruptura e inicia una nueva fase. Estas fuerzas son principalmente económicas pero también son superestructurales, es decir que estructura y superestructura se relacionan dialécticamente. Una línea pretendidamente continuadora de las ideas de Marx y Engels que también se conoce como MD y sobre todo como *dia-mat* fue la ideología dominante de los **partidos** comunistas durante el **stalinismo** (influida por las obras de **Plejánov** y **Bujárin**). La *diamat* se distingue del MD originario por la tesis que podríamos llamar de "unidireccionalidad estructural" que dice que la estructura determina a la superestructura mientras que apenas sucede lo inverso. Los conflictos económicos en la estructura y en la naturaleza son dialécticos y no mecánicos (si lo fueran, sería un **determinismo** inquebrantable) y pueden explicarse a través de leyes que, para esta corriente, sí son asimilables a las leyes físicas. Sus defensores afirman que el *dia-mat* fue creado por Engels, pero no puede demostrarse que éste haya subordinado la historia de la lucha de clases a la materia y a la dialéctica de la naturaleza. Los críticos del *dia-mat* sostienen que el MD en manos del stalinismo constituyó una desviación determinista, **economicista** y **positivista** ajena al **comunismo** y al **marxismo**. En un sentido amplio, podemos mencionar como autores destacados del MD a **Lenin, Trotsky, Althusser, Gramsci**, Lukács, Lefèbvre, Kolakowski y **Sartre**, entre otros.

**Mayéutica (Sócrates): Método** filosófico por el cual, partiendo de una serie de preguntas, se va llevando a un interlocutor al descubrimiento de la **verdad**. El término griego es de la familia de la palabra "parto" y el *Sócrates* de Platón se llama a sí mismo un "partero de almas", haciendo una analogía con la profesión de su madre que era partera, porque él "sacaba a la luz la verdad que ya estaba en su interlocutor". El método consistía en hacer preguntas, no en afirmar tesis propias y era el interlocutor solo quien se contradecía en sus respuestas (hábilmente guiado por las preguntas de Sócrates) y luego aceptaba que algunas de sus creencias eran equivocadas porque eran incompatibles con otras.

**Metalógica:** Disciplina que se ocupa de la **demostración** de las propiedades de los **sistemas de lógica**. En un sentido más amplio incluye a la **filosofía** de la lógica.

**Método axiomático: Método** de demostración de proposiciones propio de los **sistemas axiomáticos** (ver **axiomas de Peano, axiomatización** y **sistemas axiomáticos**).

**Método científico:** Procedimiento de **justificación** de **proposiciones** que la **comunidad científica** considera válido. No hay un único **método** que compartan todas las ciencias y estrictamente hay un método por cada **ciencia**, pero en líneas generales pueden dividirse tres categorías: las **ciencias formales** usan la **deducción** y el **método axiomático**, las **ciencias naturales** el **método hipotético-deductivo** y el **método experimental** y las **ciencias sociales** se sirven de la **estadística** y de su interpretación (ver todas las entradas). También puede llamarse MC al conjunto de procedimientos por los cuales los científicos descubren o crean las proposiciones que luego tendrán que justificar, aunque esta acepción es menos frecuente porque estos procedimientos no están reglados y por tanto no parecen ser un método sino más bien un hábito.

**Método de la analogía lógica:** Procedimiento lógico por el que, dado un **razonamiento**, tratamos de encontrar uno de su misma forma, que tenga **premisas** verdaderas y **conclusión** falsa. Si hallamos ese ejemplo habremos probado que el razonamiento es **inválido** (por eso se lo llama **contraejemplo**), así como también todos los de su misma forma. Pero si no encontramos ese ejemplo, la garantía de que el razonamiento sea válido no es total, ya que está la posibilidad de que no se nos haya ocurrido el ejemplo, pero que exista. Si alguien nos dijera "El médico me mintió, así que los médicos son unos mentirosos", podríamos preguntarle: "Mi perro es negro, ¿usted cree que todos los perros son negros?" Si responde que no y además acepta la validez del MDLAL, tendrá que admitir que su razonamiento inicial es inválido.

**Método de la concordancia (John Stuart Mill):** Uno de los **métodos inductivos** propuestos por este autor. El MC plantea que -si dos o más casos de un **fenómeno** tienen sólo un aspecto en común- la situación en la que coinciden todos esos casos, es la **causa** del fenómeno de que se trate. Así, si se quiere saber si una hamburguesa de pollo en mal estado provocó una intoxicación,

debemos establecer si A (hamburguesa de pollo) es causa de B (intoxicación), hay que modificar todas las demás variables (C (lugar), D (pan), E (aceite), etc) y mantener sin cambios a A y B. Si B se sigue produciendo, su causa será A (ver también **método de la diferencia**).

**Método de la diferencia (John Stuart Mill):** Uno de los **métodos inductivos** propuestos por este autor. El MD plantea que si se investiga un **fenómeno** y éste se presenta en un caso y en otro no y todas las circunstancias son las mismas, salvo una, entonces ésta última es la **causa** del fenómeno. Así, si se quiere saber si una hamburguesa de pollo en mal estado provocó una intoxicación, debemos constatar que, en la situación en la que las circunstancias son las mismas -el mismo lugar, el mismo pan, el mismo aceite, etc-, salvo una -puede tratarse, por ejemplo, de una hamburguesa de carne- no se produzca la intoxicación. Al colocarse de nuevo la hamburguesa de pollo, sí hay intoxicación. He allí la diferencia buscada (ver también **método de la concordancia**).

**Método de las tablas de verdad:** Ver método del condicional asociado.

**Método deductivo:** Dícese del procedimiento de obtención de **proposiciones** o **fórmulas** a partir de otras llamadas **premisas** o supuestos, tal que la **verdad** de las premisas garantiza la verdad de la **conclusión**, vale decir que sería una **contradicción** lógica afirmar a la vez la verdad de las premisas y la falsedad de la conclusión. El MD tiene reglas explícitas que se deben seguir para obtener este propósito (llamadas **reglas de transformación**). Utilizado en las **ciencias formales**, también se lo aplica en las **ciencias fácticas**, destacándose la matemática aplicada a la física y el **método hipotético-deductivo** como algunas de sus aplicaciones. El defecto más señalado del MD es que las conclusiones no aportan más información **fáctica** que la contenida en las premisas. Opuesto: **método inductivo**.

**Método del condicional asociado: Técnica** lógica para determinar la **validez** de **formas de razonamiento proposicionales**. Consiste en los siguientes pasos: 1) se abstrae la **forma lógica** del razonamiento que se analiza, 2) se convierte la forma de razonamiento (que se compone de al menos dos fórmulas) en una única **fórmula** (o **forma proposicional**) **condicional** tal que el **antecedente** sea la **conjunción** de las **premisas** y el **consecuente** sea la **conclusión** de la forma de razonamiento original, 3) se resuelve la **tabla de verdad** de la forma proposicional obtenida. Si el resultado es un condicional tautológico, el razonamiento original es válido; en caso contrario es inválido. También se lo conoce como el **método de las tablas de verdad**. Por ejemplo: "O vamos a tu casa o vamos a la mía. Si vamos a tu casa, vemos un video. Si vamos a la mía, vemos un video. Por lo tanto, vamos a ver un video." La forma de este razonamiento es: 1) p ∨ q, 2) p ⊃ r, 3) q ⊃ r, 4) Conclusión: r. El condicional que hay que construir es: ((p ∨ q) . (p ⊃ r) . (q ⊃ r)) ⊃ r y su tabla de verdad se construye suponiendo la verdad del antecedente para ver si eso determina la verdad del consecuente. (Por lo general las **reglas de formación** de fórmulas prohíben que se formen fórmulas con dos conectivas principales, por lo que hubiéramos debido poner un par adicional de paréntesis. Hemos elegido esta notación para exhibir la propiedad asociativa de la **conjunción**: ((p . q) . r) es equivalente a (p . (q . r)) y a ((p . r) . q), de modo que la falta de esos paréntesis no genera ambigüedad). Una vez que se tiene la fórmula, deben seguirse los siguientes pasos: 1) se asigna el valor V debajo de la conectiva principal del antecedente, que en este caso son las dos conjunciones, 2) se asigna el valor V debajo de las fórmulas separadas por las conjunciones (ya que la verdad de la conjunción implica la verdad de los conyuntos, según la definición de conjunción), 3) se asigna el valor que corresponda a las fórmulas separadas por la conectiva a la que se asignó una valor en el paso anterior, según la definición de cada conectiva (quizás sea necesario hacer varias filas horizontales para contemplar todas las combinaciones posibles. Por ejemplo, para la **disyunción** es posible que los dos disyuntos sean verdaderos, que lo sea sólo el primero o que lo sea sólo el segundo y hay que expresar las tres opciones en tres filas diferentes. Es importante mantener la coherencia en la fila horizontal; si se asigna a p el valor F en una fórmula no hay que escribir bajo otra aparición de p el valor V en esa fila), 4) repetir el paso 3) de ser necesario. En nuestro caso no hace falta porque acabamos de asignar valor a **proposiciones** que son todas atómicas, 5) Asignar a la fórmula que está en el consecuente los valores de sus **proposiciones atómicas** de acuerdo a los valores obtenidos en el antecedente (si es una **proposición molecular,** deducir el valor que le corresponde). 6) asignar a la conectiva condicional los valores que correspondan (si el antecedente es F y el consecuente V, el valor del condicional es F. En los demás casos es V.) El condicional es tautológico (todos sus valores posibles son V) así que el razonamiento original es válido. Los números indican en qué paso se asignó el valor a cada símbolo:

| ((p | v | q) | . | (p | → | r) | . | (q | → | r)) | → | r |
|---|---|---|---|---|---|---|---|---|---|---|---|---|
| V | V | V | V | V | V | V | V | V | V | V | V | V |
| F | V | V | V | F | V | V | V | V | V | F | V | V |
| V | V | F | V | V | V | V | V | F | V | V | V | V |
| 3 | 2 | 3 | 1 | 3 | 2 | 3 | 1 | 3 | 2 | 3 | 6 | 5 |

(A continuación completamos la tabla para mayor claridad)

| F | F | F | F | F | V | V | F | F | V | V | V | V |
|---|---|---|---|---|---|---|---|---|---|---|---|---|
| V | V | V | F | V | F | F | F | V | F | F | V | F |
| F | V | V | F | F | V | F | F | V | F | F | V | F |
| V | V | F | F | V | F | F | F | F | V | F | V | F |
| F | F | F | F | F | V | F | F | F | V | F | V | F |

**Método dialéctico:** Ver **dialéctica.**

**Método experimental: Método** científico surgido con **Galileo** y desarrollado por **Bacon** y **Mill,** que se caracteriza por ser especulativo (la **teoría** es un conjunto de **hipótesis**) y tiene dos etapas: una matemática o deductiva (saber *a priori*) en la que se establecen las relaciones inferenciales entre las hipótesis más generales y los **enunciados singulares** con los que se describe el **experimento** y sus resultados (por ejemplo: según las hipótesis H, el resultado del experimento descripto en los enunciados E debe ser necesariamente R y si fuera diferente (¬R) debe inferirse que al menos un enunciado perteneciente a H o a E es falso) y sirve para diseñar los experimentos contrastadores; mientras que la otra etapa es **empírica** (saber *a posteriori*): incluye la realización del experimento, las mediciones y el establecimiento de los **valores de verdad** de los enunciados H, E y R. La experimentación involucra la modificación deliberada de algunos factores, sea en un laboratorio o fuera del laboratorio, por ejemplo, en un **experimento de campo** y debe ser repetible, es decir, que con la ayuda del registro escrito de un experimento se puede reproducir para constatar que los resultados sean los mismos. Así, si los resultados son otros, puede ponerse en tela de juicio el primer experimento.

**Método hipotético-deductivo:** Procedimiento científico que parte de la suposición de **hipótesis generales,** formulando **enunciados observacionales** que se infieran de esas hipótesis y contrastando a éstas por medio de la **observación** o la **experimentación.** El MHD niega la primacía de los **hechos** en la **lógica** del descubrimiento (sostenida por el **inductivismo estrecho**) defendiendo la idea de que es la **teoría** la que guía la búsqueda de hechos relevantes –la observación tiene una "carga teórica" ya sea una **teoría** completa o unas categorías de clasificación pre-teóricas-, no son puros sino siempre relevantes con respecto a algún fin. El esquema básico del MHD es: **marco teórico-problema**-hipótesis-**deducción**-consecuencias contrastables-**contrastación-refutación** o **corroboración/confirmación/verificación.** Según el MHD las hipótesis se justifican o contrastan mediante sus **consecuencias observacionales** (enunciados que describen **estados de cosas** observables y que se deducen de las hipótesis). Pertenecen a esta corriente tanto miembros del **confirmacionismo** (por ejemplo, **Hempel**) como del **falsacionismo** (por ejemplo, **Popper**).

**Método inductivo:** Procedimiento científico propuesto por **Aristóteles,** quien planteaba que se debía partir de las observaciones particulares para luego llegar a principios generales desde los cuales se volvería nuevamente a observar los **fenómenos** particulares. En el MI se debe seguir el siguiente orden: **observación** y registro de los **hechos** sin ideas preconcebidas; **análisis** y clasificación de los hechos; elaboración de **hipótesis** o **leyes generales** que sirvan para todos los fenómenos del mismo tipo, por medio de **razonamientos inductivos; contrastación** de las generalizaciones del punto anterior mediante la **experimentación** u **observación.** En el siglo XVII, el MI fue enriquecido con los aportes de Francis **Bacon.** En el siglo XVIII, David **Hume** planteó que el MI tenía un problema (ver **problema de la inducción**): los hechos observados no son siempre la totalidad de los hechos sobre los que se habla. Por eso, Hume considera que la forma inductiva de razonar supone un salto entre las **premisas** y las **conclusiones** que no está justificado lógicamente. A pesar de que el MI dice que hay que trabajar sin ideas previas, en realidad supone que existe una regularidad de la naturaleza porque afirma que los hechos observados son iguales a los que no lo fueron y que las cosas no cambian con el tiempo (ver **principio de uniformidad de la naturaleza**). Frente a este cuestionamiento el MI ha sido defendido con el argumento de que a lo largo del tiempo ha sido funcional para la **ciencia**. Sin embargo, este argumento mismo utiliza el criterio inductivo, ya que el hecho de que haya funcionado en el pasado no significa que seguirá funcionando en el futuro. **Popper** ha criticado al **inductivismo** diciendo que en la ciencia lo más importante no es la percepción sino la **observación**. Y esta última siempre está guiada por ideas, ya que se observa con un propósito, con un sentido y eso ya implica una idea previa. Cuando se tiene una hipótesis, por ejemplo, se observa de acuerdo con ella, de manera tal que ésta funciona como un reflector que ilumina la realidad **empírica** (ver **teoría del reflector** y **teoría del cubo**). Opuesto: **método deductivo.**

**Metodología de la ciencia:** Rama de la **epistemología** que estudia los procedimientos y **técnicas** empleados por la **ciencia** para acceder al **conocimiento** del mundo. Según Gregorio **Klimovsky**, la MC se diferencia de la epistemología al no cuestionar las ideas de la **comunidad científica**, interesándose sólo por desarrollar estrategias y establecer reglas para conocer más en el marco de cierto **paradigma.**

**Mill, John Stuart (1806-1873):** Economista y filósofo **utilitarista** inglés, planteó que la **norma** de la felicidad es el placer o ausencia de dolor. Continuador de la obra de David **Ricardo**, sostuvo que en la **economía** existen **leyes** de la **producción** (regidas por la naturaleza y por lo tanto inmutables) y leyes de la **distribución** (que están sometidas a control del hombre), aunque no compartía con los clásicos la visión del *laissez faire* –promovía la **libre competencia** en la producción y el **comercio** pero abogaba por una distribución más equitativa de la riqueza, con un criterio de nivelación social-. Seguidor de F. **Bacon** en el plano filosófico, impugnó al deductivismo y defendió la **inducción**. Entre sus obras principales encontramos a: *Principios de economía política* (1845-47) y Sobre la libertad (1859).

**Modalidad: 1.** Ver **modalidades aléticas. 2. M fáctica:** La M expresa la **posibilidad**, la **necesidad** o la **imposibilidad** de que dos **predicados** se afirmen de un mismo **sujeto** ("Es imposible que algo sea completamente blanco y completamente negro") o de que dos clases compartan un elemento. **Aristóteles** llamó **proposiciones categóricas** a los **enunciados** que expresan M (que era según él una relación entre predicados) y reconoció cuatro formas: A universal afirmativa (Todo S es P), E universal negativa (Ningún S es P), I particular afirmativa (Algún S es P) y O particular negativa (Algún S no es P). Su idea era que el **conocimiento científico** se expresa mediante este tipo de **afirmaciones**. Por ejemplo, si quiero hablar de una **clase natural** puedo decir cosas como "Ningún hombre es una planta", "Algún hombre es rubio" y "Todos los hombres son animales". Se supone que no estoy afirmando que de hecho, empíricamente, doy fe de que hay sobre la faz de la Tierra un hombre rubio, sino que estoy diciendo que podría haberlo, a modo de **hipótesis general** o de **definición** de la **esencia** de "hombre". De esta manera sé que el predicado "hombre" implica *necesariamente* al predicado "animal", que es *posible* combinarlo con el predicado "rubio" y que es *imposible* combinarlo con el predicado "planta" respecto de un mismo **individuo**. En estos casos estamos hablando de posibilidad y necesidad fácticas y no lógicas. Así, A = "Es necesario que S sea P", E = "Es imposible que S sea P", I = "Es posible que S sea P" y O = "Es posible que S no sea P". Cuando **Frege** creó un **lenguaje** matemático para la **lógica de predicados** expresó este tipo de enunciados con los **cuantificadores**, de modo que: A = "(x) Sx › Px", E = "(x) Sx › ¬Px", I = "Ex Px . Sx" y O = "Ex Sx . ¬Px". Sin embargo, la **lógica** contemporánea que inicia Frege considera que esta clase de enunciados expresan M existenciales y que las M fácticas -que expresan necesidad y posibilidad- son **objeto** de una lógica diferente que se conoce como lógica modal. En lógica de predicados las letras de predicados (Px, Sx) se definen como conjuntos de modo que decir "**Ex Px . Sx**" significa "Hay un elemento del conjunto P que pertenece también al conjunto S". G. H. von Wright distingue las **M aléticas** integradas por los **conceptos**: "necesario", "posible", "**contingente**" e "imposible",

de las **M** existenciales: **universal**, existente, vacío. Según esta clasificación la silogística y la lógica de Frege se ocupan de las **modalidades existenciales.**

**Modalidades:** En la **teoría de la enunciación**, son formas o modos de expresar un **enunciado**, es decir, que revelan una intención del **enunciador** (querer, saber, poder y deber se combinan con ser y hacer).

**Modalidades aléticas:** Modalidades de la **verdad** (y de la falsedad). Una **proposición** puede ser necesaria, posible o imposible (ver **modalidad**).

**Modalidades deónticas:** **Modalidades** de la **verdad** que tienen que ver con lo obligatorio. Pueden consistir en un deber hacer (**prescripción**), un deber no hacer (prohibición), un no deber no hacer (permisión) y un no deber hacer (autorización). Por ejemplo, el uso de verbos como "deber", "permitir", "obligar", "prohibir", o expresiones como "hay que", "es necesario que", "debemos".

**Modalidades epistémicas: Modalidades** de la **verdad** que apelan al **conocimiento** colectivo para argumentar. Por ejemplo, "Como todos saben", "No es un secreto para nadie", etc.

**Modalidades existenciales:** Modalidades de la **verdad** que tienen que ver con lo existente, lo **universal** y lo vacío (ver **modalidad**).

**Modelo:** En **ciencias fácticas**, construcción abstracta, visión simplificada e ideal de la realidad en sus características basamentales y típicas, que sirve para estudiar las relaciones **causa-efecto** entre distintas **variables** y así poder establecer **predicciones** y medidas correctivas. Así, en las ciencias económicas el M es una descripción simplificada de una **economía** sencilla e imaginaria basada en determinados supuestos y explicada por gráficos, ecuaciones o palabras. En **ciencias formales**, el M refiere a una **interpretación** en la que todos los **axiomas** de un **sistema** son verdaderos. También puede definirse al M como la representación de la realidad a pequeña escala o como algo digno de imitación.

**Modelo de cobertura legal (Carl Hempel):** (*Covering law model*). Según **Hempel**, una **explicación** es científica si subsume el **hecho** explicado bajo una **ley general** o la ley explicada bajo otra ley más general que ésta. Las leyes generales pueden ser **leyes universales** o **leyes estadísticas** por lo que hay dos tipos de explicación (ver **explicación nomológico-deductiva** y **explicación inductivo-estadística**).

**Modelo de explicación de cobertura legal:** Ver **explicación nomológico-deductiva.**

***Modus ponendo ponens:*** Ver ***modus ponens.***

***Modus ponens:*** (Del latín *ponere*, "afirmar"). Significa el modo que, afirmando la **premisa**, se afirma la **conclusión**. Su **forma lógica** es: Si p entonces q, p, Luego q. Por ejemplo, "Si se dan recursos para construir viviendas, se crearán fuentes de trabajo. Se están destinando recursos para construir viviendas. Por lo tanto, se crearán fuentes de trabajo". La regla del MP es: (p É q), p \ q.

***Modus tollendo tollens:*** Ver ***modus tollens.***

***Modus tollens:*** (Del latín *tollere*, "negar"). Es el modo en que la **negación** de la **premisa**, niega en la **conclusión**. Su forma lógica es: Si p entonces q, no q, Luego no p. En **ciencias fácticas**, se utiliza en la **refutación** de hipótesis (ver **falsacionismo**). De una hipótesis se deducen las **consecuencias observacionales**, las que se someten a **contrastación experimental**. Si no se cumplen las consecuencias esperadas, se considera que la hipótesis de la que se dedujeron es falsa: por ejemplo, "Si llueve torrencialmente, la Ciudad de Buenos Aires se inunda. No se ha inundado la Ciudad de Buenos Aires. Por consiguiente, no ha llovido torrencialmente en Buenos Aires." El **antecedente** de las refutaciones científicas es por lo general una **conjunción** de muchas hipótesis, de modo que la conclusión del MT es que la conjunción entera es falsa, de lo cual se deduce que al menos uno de los **enunciados conyuntos** es falso. En el caso de que las consecuencias resultaran verdaderas, podría pensarse que las hipótesis deberían ser aceptadas como verdaderas. Sin embargo, no es así, ya que la forma de **razonamiento** que emplearíamos en ese caso sería inválida: se denomina **falacia de afirmación del consecuente**. La regla del MT es: (p É q), -q \ -p.

# N

**Necesidad:** Aquello cuya **negación** implica una **contradicción** (N **lógica**). Lo que no puede ser de otro modo. Decir que p es necesario es lo mismo que decir que no p no es posible. Opuesto: **contingencia.**

**Negación:** Expresión **lógica** del "no" que utiliza el **signo** "¬". Si "p" es una **proposición**, "¬p" es su N. El **enunciado** negativo (que se compone de un signo de N y de una proposición) dice que dicha proposición es falsa. Por ejemplo: "¬ p" y "No iré al cine" son verdaderos si es cierto lo que afirman, a saber: que "p" es falsa y que "Iré al cine" son falsas, respectivamente. Si "p" fuera verdadera y si "Iré al cine" fuera verdadera, sus N serían falsas.

**Negación alternativa:** Expresión **lógica** en la que se debe optar entre dos negaciones. Por ejemplo, "O no vamos al cine o no vamos al teatro". El **signo** que la representa es la barra vertical |. Una NA es falsa cuando sus dos componentes son verdaderos y es verdadera en los demás casos.

**Negación conjunta:** Expresión **lógica** que involucra dos negaciones. Con el "ni" se forma una **proposición compuesta.** Por ejemplo, "Ni voy a ir al cine ni voy a ir al teatro". El **signo** que la simboliza es la flecha invertida ⌐. Una NC es verdadera cuando sus componentes son falsos y es falsa en los demás casos.

**Negación de la negación:** Ver **síntesis.**

**Nexos lógicos:** Ver **expresiones derivativas.**

**No: Signo** que indica **negación.**

**Nomológico:** Referido a **leyes** científicas.

**Nomológico-deductivo:** Ver **explicación nomológico-deductiva.**

**Nomotético:** General, aquello que es explicado en términos de **leyes** y principios generales. Opuesto: **ideográfico.**

# O

**O: Signo** que coordina dos **proposiciones** indicando una alternativa. La interpretación **lógica** de este signo es la **disyunción** (ver **disyunción inclusiva** y **disyunción exclusiva**).

**Operacionalismo:** Corriente filosófica que afirma que el **significado** de un **concepto** es el conjunto de operaciones repetibles que deben llevarse a cabo para determinar sus casos particulares. Por ejemplo, la temperatura está dada por el procedimiento de usar un termómetro para tomar la temperatura de alguna cosa determinada. **Hempel**, en 1954, criticó a esta posición por la **vaguedad** con la que se definía el **concepto** de "operación" y dijo que una vez que se precisara la noción no iba a generar las condiciones para una definición operacional sino las de una **verificación**, semejante a la del **neopositivismo**. Sus principales representantes son P. Bridgman y H. Dingler, quienes desarrollaron en la década del ´50 el O en el campo de la física para luego extenderlo a las ciencias exactas.

**Operador: Símbolo** lógico que representa un nexo entre **proposiciones** o **fórmulas** y que tiene un **significado** fijo – no variable-.

**Oposición:** Relación entre **proposiciones** opuestas, es decir aquellas que tienen **significados** distintos a pesar de que dicen algo acerca de los mismos **predicados** o bien sobre las mismas **proposiciones**, porque combinan de manera diferentes **términos lógicos** como "algún", "todos", "no", "es necesario", "es posible", etc. Existen cuatro tipos de O: **contradicción, contrariedad, subcontrariedad** y **subalternación** (ver **cuadro de O**).

**Oposición (estructuralismo): Concepto** fundamental de la corriente **estructuralista**, la idea de O plantea que no vemos a las cosas como *son* sino como *actúan* respecto de otras. Así, la letra "a" es "a" no por identificación consigo misma, sino por diferencia con las demás letras del abecedario: "a" es "a" porque no es ni "b" ni "c", etc. Conocemos en términos de diferencia u oposiciones (dos cosas son iguales entre sí porque difieren del mismo modo de una tercera).

*Or:* **Operador** lógico **disyuntivo** "o". Es **verdadero** si lo es al menos una de sus **premisas** y sólo es falso cuando ambas son falsas.

**Oración:** Palabra o palabras que expresan un **sentido** gramatical completo. Al **significado** de la O se le llama **proposición** si tiene sentido decir de aquel que es verdadero o falso. Por ejemplo, el significado de "Llueve" es una proposición porque es una O **informativa** pero el significado de "Andate a dormir" no lo es, ya que se trata de una O imperativa (su función no es afirmar ni negar una proposición sino inducir a alguien a hacer algo). Dos O diferentes pueden expresar la misma proposición: "Juan ama a María" y "María es amada por Juan" afirman lo mismo. También pasa eso con *"Es regnet"* y "Llueve". Al revés, la misma oración puede expresar proposiciones diferentes: "El actual presidente es abogado", que en 1976 expresaba una proposición (falsa) y en 1989 otra (verdadera).

# P

**Paradoja:** Del griego *parádoxa* "lo que es contrario a la opinión (*dóxa*)". Para los griegos una P era una **razonamiento** convincente que conduce a la **afirmación** de algo inaceptable. En la actualidad el **término** se utiliza para nombrar razonamientos que en algún momento tienen dos **enunciados** de la forma: p › ¬p y ¬p › p, aunque también se conserva el **sentido** del término como sinónimo de "contra-intuitivo". Se ha hecho una clasificación entre P **lógicas** y P **semánticas** porque las soluciones que se dan a una P son diferentes dependiendo de que su contexto sea un **lenguaje artificial** o un **lenguaje natural**. Un ejemplo de P lógica es la de la **clase** de todas las clases que no pertenecen a sí mismas. Una clase así definida, ¿pertenece a sí misma? Si pertenece a sí misma, entonces no pertenece a sí misma. Si no pertenece a sí misma, entonces pertenece a sí misma. Las soluciones a las P lógicas se resuelven eliminando del **sistema** las **fórmulas** que las provocan. Un ejemplo de P semántica es la famosa **paradoja del mentiroso:** "Esta frase es falsa" ¿es un enunciado verdadero? Si es verdadero, entonces es falso (porque lo que afirma es falso). Y si es falso, es verdadero. Este tipo de paradojas se solucionan trazando una distinción entre **lenguaje objeto** y **metalenguaje.** Una **oración** siempre pertenece a un lenguaje y se habla acerca de ella desde su metalenguaje (y acerca de este metalenguaje, desde otro metalenguaje, etc). Según A. Tarski, las expresiones "es falsa" o "es verdadera" son siempre metalingüísticas.

**Paradoja de Aquiles y la tortuga (Zenón de Elea): Paradoja** que conduce a la negación del movimiento: Aquiles no puede alcanzar nunca a una tortuga que camina por el mismo camino. Acaso uno sólo de sus largos pasos sería suficiente para llegar hasta ella, pero antes de dar el paso completo él debe recorrer la mitad de esa distancia, y antes que eso la mitad de esa mitad y así infinitamente, por lo que nunca llega y ni siquiera puede moverse. Esta paradoja puede resolverse si se acepta que -si el espacio es infinitamente divisible- también lo es el tiempo.

**Paradoja del cuervo:** Ver **paradojas de la confirmación cualitativa.**

**Paradoja del mentiroso:** Esta **paradoja semántica** ha sido reformulada de diversos modos a lo largo de la historia. Lo que tienen en común todas las formulaciones es que hay un **enunciado** que dice de sí mismo que es un enunciado falso. Por ejemplo, el enunciado "Miento", que es equivalente a "Lo que digo es falso". La **paradoja** se presenta cuando nos preguntamos por el **valor de verdad** de tal enunciado. Será verdadero si es cierto lo que dice, es decir, si es falso. Y será falso si es verdadero. La PM es un ejemplo de **autorreferencia lingüística;** la frase "Estoy mintiendo" es paradójica: si estoy mintiendo digo la verdad y si digo la verdad estoy mintiendo. La confusión proviene de la no distinción entre **lenguaje objeto** y **metalenguaje**. Al establecerse ambos **niveles del lenguaje** la PM se disuelve.

**Paradojas de la confirmación cualitativa (Carl Hempel):** Nos detendremos en una de las PCC más conocidas; sin embargo, **Hempel** ha desarrollado otras varias en sus estudios acerca de una **teoría** de la **confirmación** cualitativa (la cual se complementa con la confirmación cuantitativa o probabilística desarrollada por **Carnap**). Esta aparente **paradoja** es expuesta por Hempel en *Problemas recientes de la inducción*. La paradoja se genera cuando se aceptan dos **premisas**: la primera es el criterio de Nicod, que dice que una **hipótesis general** (como "todos los cuervos son negros") se ve **confirmada** por todos los **enunciados singulares** que son instancias de la hipótesis (como "Arturo es un cuervo y es negro"). En lenguaje simbólico la hipótesis se puede escribir como "(x) (Cx › Nx)" y su instanciación como "Ca . Na". Es decir que cada cuervo negro del que tomamos registro es un elemento confirmador de la hipótesis. La segunda premisa es la condición de equivalencia que dice que las expresiones lógicamente equivalentes significan la misma **proposición**. Al aceptar esta condición, resulta que nuestra hipótesis puede expresarse como (el enunciado equivalente) "Todas las cosas no negras no son cuervos" o "(x) (¬Nx › ¬Cx)". Según el criterio de Nicod las instanciaciones de este enunciado confirman la hipótesis, lo que quiere decir que cualquier cosa que veamos que no sea negra ni sea un cuervo, confirma la hipótesis de que todos los cuervos son negros ("¬Na . ¬Ca"). Esta es la conclusión anti-intuitiva que se sigue de aceptar las dos **premisas** mencionadas. Según Hempel, esta consecuencia y otras similares resultan paradójicas sólo en un sentido psicológico pero no lógico. La extrañeza que producen se debe a que contradicen intuiciones previas, pero eso no significa que estas consecuencias sean incorrectas: deben ser aceptadas por quien quiera aceptar las dos premisas, y estas premisas son razonables. La condición de equivalencia dice que un elemento de **prueba** confirma una **hipótesis** (o no) según cuál sea el contenido -el **significado**- de la hipótesis, con independencia de cómo ha sido formulada. Difícilmente pueda renunciarse a esta condición. El criterio de Nicod también expresa un principio irrenunciable para el **confirmacionismo**, pero no se lo puede aplicar en todas las situaciones, ya que la expresión "(x) (Cx . ¬ Nx) › (Cx . ¬ Cx)" (léase: "Para toda cosa, si la cosa es un cuervo y no es negra, entonces es y no es un cuervo) también es equivalente a nuestra hipótesis y no puede tener casos confirmatorios como los tenían las formulaciones anteriores, ya que no puede haber algo que sea un cuervo y que no sea un cuervo. Dadas estas excepciones a la aplicabilidad del criterio, Hempel sugiere que se tome al criterio de Nicod como una **condición suficiente** pero no necesaria de la confirmación.

**Paradojas de la implicación material:** Las llamadas PIM son dos consecuencias acaso curiosas de la definición del **condicional material**. La primera es que cualquier **proposición** implica lógicamente a todas las **tautologías** y, en general, a cualquier **enunciado** que sea verdadero. La segunda es que un enunciado falso cualquiera, por ejemplo una **contradicción**, implica a cualquier proposición. También se sigue de la definición del condicional material que, dadas dos proposiciones cualesquiera p y q, o bien p > q o bien q > p.

**Paradojas de la inducción:** Ver **paradojas de la confirmación cualitativa y ambigüedad de la inducción.**

**Paralogismo: Razonamiento falaz,** sin que quien lo plantea tenga conciencia de esa incorrección (lo que lo diferencia del **sofisma**).

**Peano, Giuseppe (1858-1932):** Lógico y matemático italiano, se destacó por su **axiomatización** de la aritmética (ver **axiomas de Peano**), porque distinguió las nociones de inclusión y pertenencia a un conjunto y creó un **sistema** de **símbolos** usado en la **lógica** y la matemática.

*Petitio principii* (**Petición de principios o "pedir la pregunta"):** Tipo de **falacia de** atinencia que trata de tomar como **premisa** de un **razonamiento** la misma **conclusión** que pretende probar. La premisa es igual que la conclusión (aún cuando la redacción, es decir la **oración**, pueda ser diferente), es decir que es atinente en cuanto a la **verdad** de la conclusión, pero no es atinente en cuanto a la **prueba** de la conclusión. Ejemplo: Borges escribe mejor que Sábato porque la gente de buen gusto literario lo lee más. Si se pregunta cómo sabemos que tiene buen gusto literario, se responderá que tener buen gusto literario es preferir a Borges y no a Sábato.

**Pienso, luego existo (René Descartes):** *Cogito ergo sum.* Esta afirmación es según el autor, indubitable y en tanto que tal es un fundamento sólido para inferir otros conocimientos. En las *Meditaciones metafísicas* la conciencia de **ser** un ser pensante lleva a **Descartes** a la convicción de que de ahí se deriva la existencia de Dios. De este modo, **Descartes** plantea a un **sujeto** con ideas innatas, con Dios como garantía de la **verdad** de nuestras ideas (ver **método cartesiano** e **idea** en Descartes).

**Pitágoras (584-496 a.C.):** Filósofo **presocrático**, matemático y metafísico nacido en Samos. Considerado uno de los fundadores de la Geometría, creó el **teorema** que lleva su nombre y aplicó el **método deductivo.** Sostenía la armonía del universo sobre la base de la relación entre los números y las cosas.

**Platón (428-347 a.C.):** Filósofo griego, discípulo de **Sócrates**, de quien tomó el **método** del diálogo o **dialéctica.** A diferencia de Sócrates, P escribió su pensamiento y lo hizo en forma de diálogos socráticos (diálogos con Sócrates) que era un género literario difundido en su época. Pregonó el **idealismo objetivo**, según el cual las **ideas** son eternas y lo único real mientras que el mundo sensible no es más que un flujo de imágenes cambiantes que apenas reflejan la realidad de las ideas. Un caso de esta **tesis** es: "Los caballos no existen, lo único que existe es la idea que tenemos de los caballos, el caballo en sí." Hay aquí un dualismo, en la distinción entre el mundo de las ideas (lo inteligible, intemporal) y el mundo sensible, que es temporal. Al **conocimiento** de la **esencia** de las cosas se accede por la **razón** y no por la percepción. Escribió numerosas obras, entre las que se destaca *La República*, en la que propone un **modelo** aristocrático, según el cual la **sociedad** debía ser gobernada por los que más saben: los filósofos. Distinguió tres **clases sociales**, cada una con una características: 1- los gobernantes o magistrados, la prudencia, 2- los guerreros, la fortaleza y, 3- los labradores y **artesanos**, la templanza. La justicia se da cuando cada uno cumple con la **función** social que le tocó. Fundó la escuela de **filosofía** llamada la **Academia**, donde le dio clases a **Aristóteles**, entre otros. Entre sus obras principales encontramos a: *La República, Fedón, Parménides* y *Sofista.*

**Popper, Karl Raimund (1902-1994):** Filósofo de la **ciencia** austriaco radicado en **Inglaterra**, cabeza del **falsacionismo** o **racionalismo crítico** y figura central del **método hipotético-deductivo.** Férreo enemigo del **totalitarismo** y del **historicismo, marxista** en su juventud y admirador de **Freud**, rompió con ellos y se dedicó a combatirlos, argumentando que se trata de **teorías** no abiertas a la **refutación**, sino sólo a la **confirmación.** Aunque no fue miembro del **Círculo de Viena** siguió una línea semejante a la de este grupo, aunque criticó algunas de sus **tesis:** el **verificacionismo** y el **confirmacionismo**, dando su propia versión del **positivismo lógico.** Entre sus obras principales encontramos a: *La lógica de la investigación científica* (1934), *La sociedad abierta y sus enemigos* (1945) y *La miseria del historicismo* (1957).

**Posibilidad:** Situación de lo que puede llegar a ser (aunque aún no es). Opuesto: **imposibilidad.**

**Positivismo (siglo XIX): Filosofía** y **método científico** que plantea como postulados básicos: 1) que los **hechos empíricos** y la **inducción** son los únicos medios eficaces del **conocimiento**, rechazando la **metafísica** y la **teología**, 2) que las diferentes disciplinas científicas deben tener el mismo **método** más allá de que tengan diferentes **objetos** (monismo metodológico), 3) que las **ciencias naturales** -la física matemática en especial- constituyen un **modelo** para el resto de las **ciencias**, incluidas las humanidades, 4) que la **explicación científica** consiste en encontrar **leyes** que involucren a gran cantidad de casos individuales, demostrando la **causa** de un tipo de **fenómeno** y, 5) que debe ser posible prever lo que va a ocurrir en el futuro, y para eso hacen falta fuertes leyes **generales**. Otras ideas que compartieron algunos positivistas, aunque no todos: la **modernización**, la **racionalidad**, la **razón instrumental**, la **evolución** lineal de la **sociedad**, la fe en el **progreso** en base a la innovación científica y tecnológica, el **darwinismo social** (sobrevive el más fuerte), la función civilizadora del hombre blanco (**racismo**), el no cuestionamiento del pasado (tradición) y la idea de que la sociedad debe ser mirada de la misma manera que un organismo biológico (**organicismo**). Son autores claves del P: Francis **Bacon**, David **Hume**, John S. **Mill** y Augusto **Comte**.

**Positivismo lógico (1920 >):** Escuela científica de los autores vinculados al **Círculo de Viena**, al Círculo de Varsovia y a las escuelas de Cambridge y Oxford. El PL enunció un conjunto de reglas de cientificidad basadas en el análisis crítico y lógico-estructural del **lenguaje** y en una actitud filosófico-empírica, conocida también como **neopositivismo** o **empirismo lógico**. Según el PL, sólo son científicos aquellos **enunciados** de los cuales puede predicarse su **verdad** o falsedad y que son empíricamente verificables, ya que el **conocimiento científico** sólo puede basarse en la **experiencia** sensible. El **conocimiento proposicional**

debe ser una copia fiel de los **hechos:** las **proposiciones singulares** justifican la **afirmación** de **proposiciones generales**, a través de **derivaciones** lógicas **inductivas** (de "Juan es mortal", "José es mortal" y "María es mortal", surge "todos los hombres son mortales"). La fuente del conocimiento son las sensaciones que captan hechos materiales singulares. Las proposiciones con **sentido** son las que se pueden verificar y están construidas de acuerdo a las reglas **semánticas** y **sintácticas** del **lenguaje**. Los positivistas lógicos dividieron a las ciencias en **ciencias formales** y **ciencias fácticas**, y distinguieron el **contexto de descubrimiento** y el **contexto de justificación** de las **teorías**, poniendo toda la importancia en éste último. El PL reduce el conocimiento humano relevante a aquel que tiene su origen en lo **empírico**; pretende reducir la diversidad metodológica a la unidad (**monismo metodológico**); reduce la **racionalidad** a la **ciencia**; y reduce el **método** científico al análisis lógico y a la contrastación o puesta a **prueba** empírica de las teorías. Entre sus principales pensadores se destacan Alfred Ayer, Carl **Hempel** y Rudolf **Carnap**.

**Postulado (Euclides):** En la Antigüedad, **proposición** que se presupone verdadera, pero de la cual puede dudarse, a diferencia del **axioma** cuya **verdad** es indudable. En la actualidad ya no se distingue entre uno y otro porque el criterio de indubitabilidad resulta excesivamente impreciso (los axiomas no tienen que ser evidentes y por lo tanto desaparece la distinción) diferenciándose por su **función** en un **sistema axiomático**: se los toma como verdaderos y lo que se pueda derivar de ellos sin el auxilio de ninguna **premisa** adicional es un **teorema** del sistema. En el caso de un **sistema formal** (que no está interpretado y por tanto sus **fórmulas** no tienen **valores de verdad**) la definición de P recoge únicamente sus propiedades **sintácticas**, a saber, su ya mencionado rol en la demostración de los teoremas. Dada esta última definición podemos decir que hay interpretaciones de un sistema en las que los P o axiomas no son verdaderos y en esos casos la **interpretación** no es un **modelo** del sistema. También llamado **principio geométrico**. Opuesto: **premisa**.

**Postulados euclidianos (Euclides):** Los PE son cinco: 1- Desde cualquier punto a cualquier otro se puede trazar una recta, 2- Toda recta limitada puede prolongarse indefinidamente en la misma dirección, 3- Con cualquier centro y cualquier radio se puede trazar una circunferencia, 4- Todos los ángulos rectos son iguales entre sí, 5- Por un punto exterior a una recta se puede trazar una y sólo una paralela a dicha recta. Mediante **axiomas**, **postulados** y definiciones, el método de **Euclides** demostró **proposiciones** o **teoremas** de la geometría. Este **método** (llamado a veces *método geométrico* en honor a Euclides) se convirtió en **paradigma** del **método científico**. Su origen se remonta a **Aris-**



**tóteles** quien explicitó las reglas que lo definen.

**Predicado:** Uno de los **términos** que forman una **proposición**, junto con el **sujeto**, o lo que se enuncia o dice de un sujeto. Conjunto de elementos de una **oración** agrupados alrededor de un verbo o "núcleo del P", que equivale en su número y persona al núcleo del sujeto. Si el sujeto es aquello de lo que se habla, el P es lo que se dice de aquel. En **lógica cuantificacional** puede haber P de varios individuos, como por ejemplo "x le dio el y a j" es un P o relación de tres argumentos (hacen falta tres nombres de individuos para formar una proposición), P con el que se forman oraciones como "Milton le dio el libro *París era una fiesta* a Hernán". Un predicado es una **fórmula** o forma lingüística que tiene al menos una **variable** de **individuo** libre, por ejemplo respectivamente: "Dmxh" y "Milton le dio el x a Hernán". Para construir una proposición la variable debe ser reemplazada con un nombre de individuo ("Dmlh") o bien puede ser ligada a un **cuantificador** ("(x) Dmxh" que se lee en este caso "Milton le dio *todo* a Hernán" ya que el cuantificador universal está ligado a la variable "objeto directo").

**Predicción:** Según **Hempel**, la P **nomológico-deductiva** es igual a la **explicación** salvo porque el *explanandum* de la explicación es un **hecho** conocido o se lo supone verdadero mientras que el de la P no. Comúnmente se dice que la P se caracteriza por anticipar un hecho aún no ocurrido, pero esto no es correcto según el uso que se hace del **término** en **filosofía de la ciencia**. Se llama P a un hecho que, según una serie de **hipótesis** y **condiciones iniciales**, ha sucedido, está sucediendo u ocurrirá en el futuro. Por ejemplo se dice que una **teoría** es mala porque no predice ciertos hechos que han sucedido y lo que se está indicando es que esos hechos no se deducen de la teoría, que para ella no están previstos. Y en ese caso, diría **Kuhn**, los hechos en cuestión constituyen una **anomalía** para esa teoría. Además es frecuente que se hable de P de hechos pasados y desconocidos (P a la que también se llama **retrodicción**) y de hechos que no se pueden conocer porque la **tecnología** es insuficiente o que, eventualmente, habrán sucedido en alguna otra galaxia.

**Pregunta compleja:** Tipo de **falacia de atinencia.** Las preguntas de este tipo suponen que se ha dado una respuesta definida a una pregunta anterior, que ni siquiera ha sido formulada. Se supone que se contestó "sí" a una pregunta no formulada. Por ejemplo, si se pregunta "¿Ha dejado usted de robar?", se supone que hubo una pregunta anterior ("¿Usted roba?") con una respuesta afirmativa. Esta pregunta no admite entonces un simple "sí" o "no", porque hay más de una pregunta. Se utiliza mucho en **juicios**, como por ejemplo cuando el **fiscal** le pregunta al acusado "¿Dónde ocultó el arma con que mató a la vícti-

ma?" También se puede hacer a través de la publicidad: "¿por qué la marca X es mejor que las demás?", o en **política**: "¿por qué el **capitalismo** es mejor que el **socialismo**?" La trampa también puede estar en preguntar del siguiente modo: ¿está usted a favor del **Presidente Kirchner** y el progreso?, lo cual implica una única respuesta por sí o por no, cuando en realidad son dos preguntas. Si quien contesta la pregunta cae en la trampa, pagará las consecuencias: por ejemplo, si, en el ejemplo del juicio, el acusado contesta "sí", implícitamente el fiscal habrá logrado una "confesión".

**Premisa: Proposición** que se usa como base de un **razonamiento**, es decir que no hay una pretensión de que esté fundamentada lógicamente en otra proposición del mismo (en esto se distingue de la **conclusión**) ni efectivamente está fundamentada en una proposición previa (en esto se distingue de "conclusiones preliminares" que se deducen de las P con el fin de mostrar la verdad de la última proposición, la conclusión, que no son P en sentido propio sino pasos necesarios para llegar a la conclusión en algunos razonamientos largos). Cada una de las dos primeras proposiciones de un **silogismo**, de las cuales se infiere una conclusión. En un **sistema axiomático** una P es una **fórmula** que está en una **derivación** tal que ni es un **axioma** del sistema ni está justificada su aparición por **una regla de inferencia** y fórmulas anteriores de esa derivación. También llamada **supuesto**.

**Premisa condicional:** Ver **implicación material.**

**Premisa mayor:** Premisa de un **silogismo** que contiene al **término mayor.**

**Premisa menor:** Premisa de un **silogismo** que contiene al **término menor.**

***Principia Mathematica*** (Bertrand Russell y Alfred Whitehead, 1910-1913): Obra capital de la **lógica formal** que incluye la recopilación de autores anteriores, como G. **Frege** y G. **Peano.**

**Principio de contradicción:** Ver **principio de no contradicción.**

**Principio de identidad:** "Todo **objeto** es idéntico a sí mismo". Principio de la **lógica clásica** que plantea que si un **enunciado** es verdadero, es verdadero: "A = A", "Si p entonces p" (p É p); y también "p equivale a p". Es decir que, "Si una **proposición** es verdadera, entonces es verdadera, y si es falsa, entonces es falsa", lo que es lo mismo que decir: "Toda proposición es equivalente a sí misma".

**Principio de inducción:** El PI sostiene que -en toda ocasión en que dispongamos de una **generalización**, de la cual tenemos un número suficientemente grande de casos verificados y ningún caso refutado- puede darse a la **conclusión** general el carácter de **proposición** verificada. Es "la **premisa** que falta" en una **inducción** para que sea una **deducción.** Llamado por algunos autores **"principio de legalidad natural",** plantea que el universo está regido por **leyes** estrictas de modo tal que todo acontecimiento observable es un caso o ejemplo de una **regularidad** universal. Se trata de postular un principio universalmente válido que permita justificar lógicamente el resto de las verdades científicas obtenidas por **generalización inductiva.** Las críticas contra las posturas inductivistas se pueden resumir en la postura que señala la imposibilidad de justificar un PI como el propuesto: habría que recurrir a la inducción para justificar el PI, el que fue introducido para tratar de justificar a la inducción. Se trata de un círculo lógico (ver **regresión al infinito** y **círculo vicioso**).

**Principio de legalidad natural:** Ver **principio de inducción.**

**Principio de no contradicción:** "Es imposible que una cosa sea y no sea." Principio de la **lógica clásica** que afirma que ningún **enunciado** puede ser verdadero y falso a la vez: "no es verdad que A y ¬ A", "no (p y no p)" o ¬ (p . ¬p). Es decir, "Si una **proposición** "p" es verdadera, su negación "no p" es falsa; y si "p" es falsa, su negación "no p" es verdadera." Así, el PNC niega la **inconsistencia.**

**Principio de racionalidad:** Principio que sostiene que los **individuos** actúan racionalmente, tratando de maximizar la obtención de sus metas. Se basa en la

**racionalidad instrumental.**

**Principio de refutabilidad (Karl Popper):**
Principio que plantea que una **hipótesis** puede ser considerada científica en
función de que sea posible, al menos
en principio, su **falsación** a través de su
puesta a **prueba** o **contrastación.**

**Principio de uniformidad de la naturale-
za (inductivismo):** El PUN sostiene que
todo lo que pasó en el pasado volverá a
pasar, porque la naturaleza se comporta
siempre igual. Argumento fundamental
de los **inductivistas**, este principio establece que la naturaleza es estable y que
sus **fenómenos** se reiteran indefinidamente porque están regidos por **leyes**
constantes. Los anti-inductivistas han
planteado a partir del PUN el llamado
**problema de la inducción.**

**Principio de utilidad (Jeremy Bentham):**
Cualidad que tienen los **objetos** para
producir placer e impedir el dolor. El PU
fue fundamental en el pensamiento de
los **neoclásicos.**

**Principio de verificación:** Ver **verificabilidad.**

**Principio de verificabilidad del significa-
do (positivismo lógico):** Este principio
estipula que todas las **proposiciones
sintéticas** (referidas al mundo sensible)
son ciertas -si es que lo son- en virtud
de la **experiencia** práctica. Y son signi-
ficativas **si y sólo si** son susceptibles,
al menos en principio, de **contrastación**

**empírica.** En la práctica, el PVS generó
una profunda desconfianza respecto del
uso en las **teorías** científicas de **conceptos** no observables, tales como el espacio absoluto y el tiempo absoluto de la
mecánica newtoniana, los electrones de
la física de partículas o la **selección natural** de la **teoría de la evolución.** Pop-
**per** rechazó este intento de demarcación científica entre lo significativo y lo
que carece de **significado** y propuso un
nuevo **criterio de demarcación,** entre
lo que tiene significado científico y lo
que tiene significado **metafísico:** "**ciencia**" es el cuerpo de **proposiciones sintéticas** acerca del mundo real, que es
susceptible -al menos en principio- de
**falsación** por medio de la **observación**
empírica (ver **criterio verificacionista del
significado**).

**Principio del tercero excluido:** "Una
cosa, o bien tiene una propiedad o no
la tiene, y no existe una tercera posibilidad." Principio de la **lógica clásica** que
plantea que un **enunciado** o es verdadero o es falso: "A es o A no es." Es decir, que todas las **proposiciones** de la
forma "(p o no p)" o (p v ¬p) son verdaderas, por ejemplo, "llueve o no llueve." O una cosa o la otra, no hay una
tercera posibilidad.

**Principios geométricos:** Ver **postulado.**

**Principios lógicos:** Son llamados por
**Aristóteles** principios de la demostración o **axiomas** y sirven para convali-
dar las demostraciones científicas. Se-

gún Aristóteles, estos principios son indemostrables porque si se los quisiese demostrar, en vez de tomarlos como punto de partida de la demostración, se caería en una **regresión al infinito**. Para la **lógica aristotélica**, los PL fundamentales son tres: **principio de identidad, principio de no contradicción y principio del tercero excluido**. La **lógica moderna** ha comprobado que los PL (llamados también **leyes lógicas, verdades lógicas** o **tautologías**) son incontables. Además, ya no se los considera indemostrables de manera absoluta; para la lógica moderna, lo que es un principio (**proposición** no demostrada) en un sistema **deductivo**, pueden pasar a ser un **teorema** (proposición demostrada) en otro **sistema**. La **lógica dialéctica** ha impugnado la pertinencia de los PL.

**Principios puente (Carl Hempel): Hempel** introduce esta noción en un contexto en el que está criticando el enfoque de análisis de **teorías** como **sistemas axiomáticos**. Estos sistemas tienen un **cálculo** y una **interpretación**, y el mencionado enfoque atribuía a la interpretación la tarea de vincular la teoría con el mundo **empírico**. Para Hempel, en cambio, una teoría debe entenderse como el conjunto de **proposiciones** dado por: principios internos más los PP más las consecuencias lógicas que se sigan de los dos primeros. Los principios internos son las **hipótesis** centrales de la teoría, la novedad que la teoría introduce respecto de teorías previas, y postulan las entidades básicas y las le-

**yes.** Los PP relacionan esas entidades y leyes con los **fenómenos** que la teoría pretende explicar y con fenómenos previamente examinados científicamente. El vocabulario de los principios internos es teórico (especialmente introducido) mientras que el de los PP es teórico y **preteórico**, y puede incluir muchos elementos de otra teoría previa (por ejemplo, los principios para la medición de longitudes de onda ópticas son nociones preteóricas para la teoría del átomo de hidrógeno de Bohr). Así es que el **significado** de los **términos** nuevos es accesible por medio de términos ya conocidos de teorías previas. Pero los **conceptos** viejos no pueden definir por completo a los nuevos (sino, no haría falta introducirlos), así que, argumenta Hempel, el significado de los términos nuevos se termina de definir con ciertas prácticas científicas, mediante ejemplos, paráfrasis, etc. Además, siempre hay dudas sobre el uso apropiado de los términos que más entendemos: los conceptos teóricos son adaptables.

**Probabilidad (inductivismo amplio):** Cuando se habla de que un **hecho** es muy probable implícitamente se está diciendo que la P de que el hecho (o de que sea verdadero el **enunciado** que lo describe) ocurra es alta en relación con la evidencia disponible. La P es una relación **lógica** entre proposiciones, es probable en cierta medida que la **proposición** p sea verdadera, dada la **verdad** de otras proposiciones, q y r, llamadas **premisas**. La reformulación del

**inductivismo** clásico o **inductivismo ingenuo** por parte del **positivismo lógico** (R. **Carnap**), con el fin de superar las limitaciones del **verificacionismo** (ver) incluye la **tesis** de que ciertos **enunciados observacionales** confirman una **hipótesis** en cierta medida y que esa medida puede expresarse en términos de probabilidad. En otro sentido, la P es una parte de la matemática: la **teoría** de la P es una teoría matemática axiomatizada y los valores de probabilidad son números reales entre 0 y 1 (los **confirmacionistas** utilizan esta herramienta matemática). Opuesto: **improbabilidad.**

**Probabilismo:** Posición **epistemológica** que sostiene que no es posible probar o justificar de manera definitiva la **verdad** de las **teorías** –posición defendida por el **justificacionismo** o **verificacionismo**-, pero sí es posible confirmarlas, es decir, dar **pruebas** que aumentan su **probabilidad** de ser verdaderas. Son partidarios del P, el **empirismo lógico** y el **confirmacionismo.** Exponentes: R. **Carnap** y C. **Hempel.**

**Problema de Hume:** Ver **problema de la inducción.**

**Problema de la inducción (David Hume, 1739):** También llamado "problema de Hume", consiste en la dificultad para justificar la **verdad** de las **conclusiones** universales obtenidas por **inducción**, a partir de **premisas singulares** dependientes de la **experiencia.** Según **Hume**, la **justificación** de una **proposición** cual-quiera debe mostrar que la misma es o bien una *verdad de razón* como es el caso de las **afirmaciones** de la matemática y la **lógica** (mediante un argumento **deductivo**), o bien una verdad de **hecho**, es decir, **empírica**, que se justifica a través de las impresiones sensibles correspondientes. Cuando el autor se ocupa de la justificación o **validez** de los **razonamientos inductivos**, dice que no se fundan ni en la razón -ya que no son deductivos- ni en los hechos -ya que no hay una impresión de los sentidos que nos permita afirmar que lo que ocurrió en el pasado seguirá ocurriendo en el futuro-. La conclusión de Hume es que el **principio de uniformidad de la naturaleza** no está justificado, no es verdadero, sino que es una entidad psicológica: es un hábito o costumbre que nos impulsa a esperar que se repitan ciertas **regularidades** y que carece de fundamento, con lo que caemos en una **regresión al infinito** (se explica una inducción con otra inducción y así sucesivamente). Frente al PI fueron propuestas dos grandes teorías: para el **inductivismo**, la validez de las generalizaciones inductivas descansa en la legitimidad del principio general llamado **principio de inducción**, que hace del razonamiento inductivo una **deducción.** El **método hipotético-deductivo** hace caso omiso del PI, relegándolo a la faz **subjetiva** de la investigación científica, donde no hay **prescripciones** para la producción o el hallazgo de nuevas ideas. **Popper** sostiene que una **hipótesis** o suposición científica no es el resultado de una inducción. Sostiene que no se parte de casos individuales para luego llegar a una **generalización inductiva**; sino que se parte de la formulación de una hipótesis y luego se deducen de ella consecuencias directamente contrastables por la experiencia. De este modo, la **teoría** siempre precede a la **observación**. Por su parte, el llamado **inductivismo amplio** planteó, no ya la demostración de una verdad definitiva (**verificacionismo**) sino sólo la **probabilidad** de esa verdad (**confirmacionismo**).

**Problema de los universales:** Ver **disputa de los universales.**

**Propiedad disposicional:** Una PD describe una **regularidad** de una cosa del siguiente tipo: si esa cosa se expone a la situación o factor C, le sucederá E, es decir, indica su disposición a reaccionar del modo E frente a C. Por ejemplo, la propiedad "ser combustible" es una PD que se puede definir como "si se le acercara fuego, ardería".

**Proposición:** Enunciado que describe un **estado de cosas** (**función informativa**) en forma de **afirmación** o **negación** y del que tiene sentido establecer su **verdad** o falsedad. La P es el **significado** que tiene una **oración** informativa. Es una de las tres **estructuras lógicas** junto con los **términos** y los **razonamientos.**

**Proposición afirmativa:** Se denomina así a toda **proposición** donde existe compatibilidad entre **sujeto** y **predicado,** por

ejemplo, "Los economistas clásicos son **liberales**", cuya **forma lógica** es "S es P". Opuesto: **proposición negativa.**

**Proposición alternativa:** Ver **proposición disyuntiva.**

**Proposición analítica: Enunciado** donde el **predicado** explicita lo que ya estaba en el **sujeto.** Por ejemplo, "El cuadrado es una figura de cuatro lados." Se trata de **proposiciones tautológicas**, que no agregan información y cuya **verdad** puede establecerse sin recurrir a la **experiencia**, mediante el análisis del **significado** de sus **términos.** Por ejemplo: "Todo hijo tiene un padre biológico" no es tautológica tal como está formulada, pero mediante el análisis del término "x tiene un padre biológico" (=x es hijo de alguien), puede reemplazárselo por su expresión equivalente: "todo hijo (de alguien) es un hijo (de alguien)" de modo que el resultado tenga la forma de una **tautología.** Ocurre algo análogo con las ecuaciones matemáticas, que se resuelven reemplazando enunciados por expresiones equivalentes: 2=4.x › 2/4=x ›x=1. Son las proposiciones de las **ciencias formales** (**lógica** y matemática).

**Proposición apodíctica:** Proposición donde el nexo entre **sujeto** y **predicado** es necesario. Es el caso, por ejemplo, de las verdades de la geometría (o **teoremas** geométricos): "La suma de los ángulos interiores de un triángulo es 180 grados", cuyo **significado** es "S necesariamente es P", ya que se sigue con **necesidad** de **axiomas** geométricos y no es **contingente** (como sí lo es, por ejemplo: "Este triángulo particular tiene un ángulo recto"). Opuesto: **proposición asertórica.**

**Proposición apofántica:** Para la **lógica aristotélica**, todas las proposiciones eran reductibles a la forma "S es P" o PA, porque la **función** fundamental de una **proposición** consiste en mostrar, dar a conocer, declarar, revelar. Para esta concepción, el verbo "ser" es el nexo lógico fundamental que permite mostrar la naturaleza de las cosas. Las formas **apofánticas** fundamentales son cuatro y bastan para construir los distintos tipos de **inferencia**: universal afirmativa, universal negativa, particular afirmativa y particular negativa.

**Proposición asertórica: Proposición** donde el nexo entre **sujeto** y **predicado** es **contingente,** es decir que sólo es probable, pudiendo ser distinto: "El mate está frío", cuya **forma lógica** es "S es P". Opuesto: **proposición apodíctica.**

**Proposición atómica:** La **proposición** más simple posible, se formaliza con una única **variable** (en **lógica proposicional**). Unidad mínima **categoremática** del análisis proposicional. Un término de la lógica proposicional es categoremático si al considerarlo aisladamente puede predicarse de él **verdad** o falsedad. En estas proporciones no aparecen **conectivas** inter-proposicionales. Por ejemplo, **"San Martín** murió en Boulogne Sur Mer." La suma de varias PA, vinculadas por **conectivas lógicas,** forman una **proposición molecular.** También la suma de una sola PA con la conectiva de **negación** "¬" forma una proposición molecular.

**Proposición básica:** Ver **enunciados básicos.**

**Proposición bicondicional:** Ver **bicondicional.**

**Proposición categórica: Aserción** o **afirmación** que afirma o niega que una clase esté incluida en otra, sea total o parcialmente. Son utilizadas en el tratamiento clásico o aristotélico de la **deducción.** Hay cuatro clases de PC: universal afirmativa (Todo S es P), universal negativa (Ningún S es P), particular afirmativa (Algún S es P) y particular negativa (Algún S no es P). En cuanto a un **razonamiento,** veamos este ejemplo: "Ningún atleta es vegetariano", "Todos los jugadores de fútbol son atletas", "Por lo tanto, ningún jugador de fútbol es vegetariano". En este ejemplo, tanto las **premisas** como la **conclusión** son PC.

**Proposición compuesta: Proposición** formada por varias proposiciones simples o una sola **proposición simple** y el **término** lógico de la **negación.** Por ejemplo, "No aprobaré el examen", que contiene la proposición "aprobaré el examen" y el término **"no"** (que indica la inversión del **valor de verdad**). O bien "Ernesto y Oscar reían" que se compone: "Ernesto reía" (proposición simple) + "y" (**conectiva** que dice que las proposiciones a la izquierda y a la derecha del signo son ambas verdaderas) + "Oscar reía". Opuesto: proposición simple. Sinónimo: **proposición molecular.**

**Proposición condicional:** Ver **implicación material.**

**Proposición contradictoria: Proposición** falsa por su forma. Por ejemplo, "Los gatos no son gatos." Su **tabla de verdad** da todos los valores falsos.

**Proposición disyuntiva: Proposición** en que existe una alternativa o incompatibilidad entre dos o más **predicados.** Por ejemplo, "Café ó té", cuya **forma lógica** es "p v q". Ver **disyunción.**

**Proposición empírica: Proposición** que puede ser verdadera o falsa y cuya **verdad** se sólo se puede determinar a la luz de la **experiencia** sensible. Por ejemplo, "El cigarrillo trae cáncer" o "Juan corre". En el primer caso se dice que la proposición es verdadera luego de los correspondientes **experimentos** científicos y tomando, aunque sea de manera provisoria, ciertas **hipótesis** como verdaderas o corroboradas. La segunda proposición se acepta como verdadera por la experiencia de ver a Juan corriendo. Puede decirse que un PE es tal que tiene sentido imaginar un mundo en que sea falsa. Puedo imaginar el maravilloso mundo en que fumar no produzca cáncer porque comprendo el con-

cepto de cáncer sin recurrir al concepto de cigarrillo y viceversa. Pero no puedo imaginar un mundo en que 2 + 2 no sea igual a 4 porque entender el **concepto** o la **definición** de "2" supone entender que hay sólo una respuesta a 2 + 2 = x y supone algún método para obtener el resultado 4.

**Proposición existencial: Proposición** que puede y debe formalizarse con un **cuantificador existencial.** Una PE dice que existen casos de cierto tipo ("Hay perros negros") pero que no se "compromete" con ningún caso en particular, no da un nombre o una indicación sobre una caso puntual. En esto se distingue de la **proposición singular** ("mi perro es negro", "este perro es negro", "Napoleón, mi perro, es negro"). De una proposición particular puede inferirse la correspondiente PE, pero no a la inversa. Sinónimo: **proposición particular.**

**Proposición falsa: Enunciado** que describe un **estado de cosas** que no se corresponde con los **hechos** (PF **contingente**) o que es contradictorio (PF por su **forma lógica**). Por ejemplo: **"Menem** fue un Presidente muy querido" o "Mi gato no es un gato". Opuesto: **proposición verdadera.**

**Proposición hipotética: Proposición** en que la relación entre **sujeto** y **predicado** está sujeta a una **condición.** Por ejemplo, "Si **EE.UU.** invade **Cuba** desatará una **rebelión** popular en América Latina", cuya **forma lógica** es "S es P, si es Q" o, en **lenguaje** de **lógica proposicional**, "p › q". Sinónimos: **proposición condicional, implicación material**.

**Proposición molecular:** Ver **proposición compuesta**.

**Proposición negativa:** Se denomina así a toda **proposición** donde no existe compatibilidad entre **sujeto** y **predicado**, como "No es cierto que tu gallina pone huevos de oro" o "No me gusta el helado de mango", cuya **forma lógica** es "S no es P". En toda PN hay algún **símbolo** o palabra que indique la **negación** que es una **conectiva lógica**.

**Proposición particular afirmativa:** Tipo de **proposición categórica**. Afirma que algunos de los miembros de la clase **sujeto** son también miembros de la clase **predicado**. Por ejemplo: "Algunos políticos son mentirosos", cuya forma es: Algún S es P. En **lógica de predicados** se la llama **proposición existencial** afirmativa porque se usa el **cuantificador existencial** para formalizar los **términos** "algún...", "hay...", etc.

**Proposición particular negativa:** Tipo de **proposición categórica** que niega que alguno o algunos de los miembros de la primera clase esté incluido en la de la segunda. Por ejemplo: "Algunos políticos no son mentirosos", cuya forma es: Algún S no es P. En **lógica de predicados** se la llama **proposición existencial** negativa porque se usa el **cuantificador existencial** para formalizar los **términos**

"algunos...", "una parte de los...", etc.

**Proposición problemática:** **Proposición** donde el nexo entre **sujeto** y **predicado** es probable. Por ejemplo, "Tal vez la **inflación** baje en el próximo mes", cuya **forma lógica** es "S probablemente sea P ".

**Proposición simple:** **Proposición** que no contiene dentro de si misma ninguna otra proposición. Por ejemplo, "El perro tiene cuatro patas." Opuesto: **proposición compuesta**. Sinónimo: **proposición atómica**.

**Proposición singular:** Tipo de **proposición** en el que el **sujeto** es uno solo y está determinado mediante un nombre propio ("**San Martín** cruzó los andes") o con un **deíctico** ("*este* perro es ovejero"), cuya **forma lógica** es "S es P."

**Proposición sintética:** **Enunciado** donde el **concepto predicado** agrega o amplía lo que expresa el **sujeto**, como "el gas se enfría al ser comprimido", cuya **verdad** es **contingente**. Las **proposiciones** de las **ciencias fácticas** son ejemplos de PS, porque dependen de la **contrastación empírica** y pueden ser **refutadas**. Sinónimo: **proposición empírica**. Opuesto: **proposición analítica**.

**Proposición tautológica:** **Proposición** verdadera por su forma. Por ejemplo, "Los gatos son gatos." La **tabla de verdad** de una PT da todos valores verdaderos.

**Proposición universal afirmativa:** Tipo de **proposición categórica.** Se trata de una **aserción** acerca de dos clases, que afirma que la primera clase está incluida o contenida en la segunda; es decir, que todos los miembros de la primera clase son miembros de la segunda. Por ejemplo: "Todos los políticos son mentirosos." Toda PUA puede escribirse esquemáticamente así: Todo S es P o (x) (Sx > Px).

**Proposición universal negativa:** Tipo de **proposición categórica.** Una **proposición** de este tipo niega que haya una relación de unión entre dos clases. Por ejemplo: "Ningún político es mentiroso", cuya forma es: Ningún S es P: Ninguno de los miembros de S es miembro de P. El ejemplo puede formalizarse como (x) (Px > ¬ Mx).

**Proposición verdadera: Enunciado** que describe un **estado de cosas** que se corresponde con los **hechos** o bien es una **tautología.** Por ejemplo: "John Lennon fue un hombre muy talentoso" y "John era John", respectivamente. Opuesto: **proposición falsa.**

**Prueba:** Elemento del **saber proposicional** que otorga un fundamento para creer en la **verdad** de una **proposición.** Probar consiste en demostrar que lo afirmado es una consecuencia lógica de los principios o **axiomas.**

**Prueba concluyente: Prueba fáctica** que establece en forma definitiva la **verdad** de una **hipótesis** científica. La existencia de PC sólo es sostenida por la corriente **verificacionista,** siendo rechazada por el **confirmacionismo** y el **refutacionismo.** También se llama PC a las pruebas deductivas de las disciplinas formales.

**Prueba de reducción al absurdo:** Ver **demostración por el absurdo.**

**Prueba directa: Demostración** (ver) que no es una **demostración por el absurdo** (ver).

**Prueba empírica:** Ver **prueba fáctica.**

**Prueba fáctica: Datos** que dan respaldo a una **hipótesis** que habla sobre cierta porción de la realidad y que pueden obtenerse mediante la **observación** o la **experimentación.** También llamada **prueba empírica.**

**Prueba formal:** Consiste en mostrar cómo se deduce (ver **deducción**) la **afirmación** que queremos sostener desde principios previamente aceptados.

**Prueba indirecta:** Ver **demostración por el absurdo.**

**Prueba por reducción al absurdo:** Ver **demostración por el absurdo.**

**Pseudo-hipótesis: Hipótesis** de la cual no pueden derivarse **consecuencias observacionales** o **implicaciones contrastadoras,** de modo que no es posible determinar empíricamente su **ver-**

**dad** o falsedad. Se dice que es una P porque no tiene contenido **empírico**. Por ejemplo "Tauro es un signo zodiacal de personas muy tercas" es una P porque pertenece a una (pseudo) teoría que carece de **hipótesis auxiliares** que permitan deducir una consecuencia contrastadora como "Si un hombre es de Tauro, será terco" y que en cambio tiene todo tipo de hipótesis que la protegen de una **refutación** (como por ejemplo: "Toda persona que tenga en su carta astral algún planeta en Tauro –casi todo el mundo- tendrá propiedades de Tauro", "Toda persona de Tauro que tenga algún planeta en otro signo, presentará propiedades de los otros signos", etc).

**Pseudo-proposición: Fórmula** o expresión lingüística que carece de **significado**. Según el **positivismo lógico** son P las **proposiciones** que tienen una palabra a la que se le supuso un significado equivocado, ya que no tiene un denotado experiencial (un ejemplo real), como "la nada", "Dios", **"esencia"**, "espíritu", etc. También se refiere a las palabras que fueron conectadas de un modo contrario a las reglas de la **semántica**, como "Pedro es múltiplo de 2".

# R

**Racionalismo:** Postura filosófica que confía en que la **razón** explica al universo, lo domina, lo prevé, pudiendo conocerse las **causas** últimas de las cosas. Los supuestos básicos del R en metaciencia o **filosofía de la ciencia** son: que la **teoría** es más importante que la **observación** y la **experiencia** y que los **enunciados observacionales** no son la base segura para el **conocimiento** porque son posibles dentro de las teorías y –por lo tanto- son tan falibles como éstas. El R ve una naturaleza ordenada racionalmente, cuya **estructura** puede ser descubierta por la razón y el **modelo** matemático, que parte de ciertos principios universales para extraer de ellos toda la **verdad** que encierran. En este sentido, todo **conocimiento** cierto es *a priori* y evidente y proviene de la **deducción lógica** racional, utilizando **proposiciones analíticas**. Aunque el **idealismo** de **Platón** y **Parménides** es considerado un antecedente del R, el **término** se aplica a los filósofos modernos, como **Leibniz**, **Spinoza** y **Descartes**. Éste afirmó los dos grandes **axiomas** de esta escuela: el predominio de la razón (las **ideas** innatas son la única base segura del saber) y la invariabilidad de las **leyes** naturales. Opuesto: **empirismo**.

**Razón: 1.** Facultad mental distintiva de los humanos que nos permite conocer lo general o universal. **2.** Fundamento, **causa**, **principio** que explica por qué algo es como es. **3.** El correlato **ontológico** de la **explicación**, es decir, cierto ordenamiento constitutivo de la realidad. **4.** En ocasiones se habla de R indicando a la vez los últimos dos sentidos.

**5.** En la Edad Media la R se distinguía de la fe y era una discusión frecuente la de cuál de las dos facultades era más importante. Hay autores que sostuvieron que la R se subordinaba a la fe, otros lo inverso, otros que había entre ambas un equilibrio y que se complementaban en el acceso a la **verdad** y otros postularon una separación entre ambas (doctrina de la doble verdad). En líneas generales, se entiende que el **objeto** de la R es el **conocimiento** mientras que el de la fe es la verdad o realidad a la que se accede por la lectura de los Evangelios, el diálogo con Dios, bajo el supuesto, a veces, de que no siempre pueden darse explicaciones de por qué las cosas son como son y que sin embargo hay alguna captación de cómo son las cosas. **6.** En la Modernidad la R se independiza de la fe, pueden distinguirse las versiones del **racionalismo** y del **empirismo** acerca de la naturaleza de la R como facultad y como su objeto (ver). **7.** Para **Kant**, la R es la facultad que proporciona los principios del conocimiento *a priori*. Se distingue del **entendimiento** que es la actividad mental que ordena los **datos** de la sensibilidad por las categorías, mientras que la R hace la síntesis de los conocimientos del entendimiento construyendo **ideas** trascendentes. Distingue la R **teórica** o **especulativa** vinculada a los principios *a priori* del conocimiento, de la **R práctica** vinculada a los principios *a priori* de la acción. La R en un sentido amplio se opone a la **experiencia**, mientras que la R diferenciable del entendimiento se llama propiamente R **pura. 8.** Para **Hegel**, la R nos permite alcanzar el absoluto, porque aprehende las cosas en su totalidad. Así -ante el **entendimiento** que separa y opone- la R une en una totalidad concreta. La R deviene y transita varios estadios en un desenvolvimiento dialéctico que culmina con la identificación entre R y realidad.

**Razón instrumental:** La RI se ocupa de guiar la acción por el camino más deseable en relación a algún fin. Es decir, establece los medios para lograr cierto objetivo, a la luz del **conocimiento** de la realidad o de **hipótesis** acerca de la realidad y es considerada a veces como la **causa** de la **acción** humana. Por lo general y desde **Aristóteles**, la RI que acompaña a cierta acción produce o implica un **razonamiento** cuyas **premisas** contemplan el fin de la acción y un **estado de cosas** que indica los medios apropiados para la realización del fin y cuya **conclusión** es la acción misma. Según esta concepción, la acción impulsiva que no supone un razonamiento de este tipo no es acción racional y por tanto no involucra a la RI o **razón práctica**. Algunos autores llaman RI a la **idiosincrasia** típica de la racionalidad científico-técnica de la **sociedad** industrial moderna, que busca los medios para llegar a un fin, sin cuestionarse esos fines. Por ejemplo, se le critica a la RI haber generado las condiciones para que la **ciencia** colabore en la creación de armas nucleares.

**Razón práctica: 1.** Ver **razón instrumental. 2.** La RP para **Aristóteles** siempre tendía al Bien, porque todas las personas que realizaban alguna acción la emprendían para obtener algún bien, por lo que el fin supremo de la **razón** en sí misma debería ser el Bien absoluto. Por este motivo, la RP necesitaba del espacio de la *Polis* para desarrollarse e implementar esta tendencia al bien. **3.** En **Kant**, la RP proporciona los principios del conocimiento *a priori* de la **acción**.

**Razonamiento:** El R es una de las tres **estructuras** lógicas junto con las **proposiciones** y los **términos**. Se llama R tanto a cierto **proceso** psicológico de pensar como a su producto (al que generalmente se concibe como una serie de proposiciones expresables en un **lenguaje**). Las proposiciones tienen entre sí una relación: se supone que la **verdad** de algunas de ellas (las **premisas**) proporciona buenas razones para creer en la verdad de una en particular (la **conclusión**). Hay diferentes criterios con los que se puede establecer qué es dar buenas razones. La **lógica** tiene el criterio más exigente, que establece que un R es correcto o válido cuando es deductivo (ver **deducción**). El orden de las premisas y la conclusión dentro de un R es completamente variable: ambas pueden estar al inicio, en el medio o al final, salvo en los casos en los que se usan **lenguajes artificiales** porque se adoptó la convención de que la conclusión es la última fórmula de una secuencia o en los casos en los que las **fórmulas** justificadoras van antes que las justificadas. **El lenguaje natural**, en cambio, indica este orden lógico por medio de **expresiones derivativas**. Cuando se abstraen los **significados** de los **enunciados** de una razonamiento se obtiene su **forma lógica**, también llamada **forma de razonamiento**. Las **ciencias fácticas** necesitan, además de los **R deductivos**, de otros R y por ello establecen criterios para determinar cuándo un **razonamiento no deductivo** es aceptable para la ciencia. En particular, se han interesado por la **inducción** y a lo largo de la historia se dieron diferentes respuestas a preguntas tales como: ¿cuándo una inducción da buenas razones para aceptar la conclusión?, ¿qué valor tiene en esos casos la conclusión (es verdadera, probablemente verdadera, corroborada...)?

**Razonamiento abductivo:** En **Aristóteles**, **silogismo** con una **premisa** mayor verdadera y evidente, y una menor probable, por lo que la **conclusión** es probable. **Peirce** la ha definido como un tipo de **razonamiento** que parte del conocimiento de una **afirmación** general y una afirmación de un **hecho**, y conduce a afirmar (**conjeturar**) la ocurrencia de un hecho previamente desconocido, siendo una forma de razonamiento de la que surge una idea nueva (a diferencia de la **deducción**, que no agrega información). Se maneja con el esquema "resultado › regla › caso", es decir que va del **efecto** a la **causa**. Por ejemplo: sé que siempre que pasa el lechero toca el timbre entre las 10 y las 11 horas. Un día oigo el timbre a las 10 y cuarto. Inmediatamente se me ocurre que se trata del lechero. Así, en el RA hay dos pasos: a) se debe tener una regla que rija cierto tipo de **fenómenos** o, en su defecto, hay que inventarla, b) conjeturar que el hecho observado es de esa clase. Se trata de una operación que consiste en identificar, a partir de ciertos rasgos o indicios, el tipo o clase a que algo pertenece. La conclusión de una **abducción** siempre es hipotética; formalmente hablando, es una forma falaz, inválida, de razonamiento (**falacia de afirmación del consecuente**: si p entonces q, q, entonces p), que no garantiza la **verdad** de su conclusión. La abducción es una forma de razonamiento falaz que consiste en atribuir al objeto de la investigación, identificado en la premisa que manifiesta el resultado, características expresadas en el **antecedente** de la premisa mayor o regla. De este modo, desde el punto de vista lógico, la abducción carece de valor formal, porque la **verdad** de sus premisas no es garantía de una conclusión verdadera – condición para la **validez** formal del razonamiento–.

**Razonamiento analógico:** Razonamiento no deductivo que se caracteriza por tener **premisas** que afirman similitudes entre dos o más objetos en uno o más aspectos. Sobre la base de que un nuevo **objeto** comparte con los anteriores una de esas propiedades, se concluye que también comparte las demás. Los RA parten de premisas que tienen un cierto grado de generalidad, llegando a una **conclusión** que tiene ese mismo grado pero que, sin embargo, aumenta la información al adjudicar propiedades a objetos que en las premisas no aparecen atribuidas a esos objetos. Por ejemplo: premisa 1: Juan no estudió en Física y aprobó, premisa 2: Juan no estudió en Química y aprobó, conclusión: Juan no va a estudiar en Matemática y aprobará. Desde el punto de vista lógico, el RA es un **razonamiento inválido**.

**Razonamiento deductivo:** Razonamiento cuya **conclusión** se desprende de sus **premisas**, de modo tal que afirmar sus premisas y negar la conclusión es contradictorio. Un razonamiento es un RD cuando sus premisas dan un fundamento seguro para la **conclusión**, esto es, cuando las premisas y la **conclusión** están relacionadas de tal manera que es imposible que las premisas sean verdaderas sin que la conclusión también lo sea. Todo razonamiento deductivo es válido y viceversa: todo razonamiento válido es deductivo (ver también **deducción y razonamiento**).

| Tipos de razonamiento No deductivos: | V | V | F | F |
|---|---|---|---|---|
| | F | V | F | F |

| Tipos de razonamiento deductivos: | V | F | F |
|---|---|---|---|
| | V | V | F |

Hemos consignado las cuatro combinaciones posibles de los **valores de verdad** del conjunto de las premisas y la conclusión. En negrita están marcados los únicos tres casos posibles de RD que, como puede verse, también son casos posibles de razonamientos no deductivos. El signo "F" arriba de la raya indica que al menos una de las premisas es falsa y el signo "V" indica que ninguna lo es (son todas verdaderas). El RD se caracteriza por tener una **forma lógica** que garantiza que si todas las premisas son verdaderas, la conclusión también lo será. Esta propiedad también se puede expresar diciendo que no es posible que sus premisas sean verdaderas y su conclusión falsa, o sea, que un razonamiento V/F nunca será un caso de deducción. En virtud de esta definición un **contraejemplo** es una **prueba** definitiva de que un razonamiento no es deductivo. Ya que lo que el contraejemplo exhibe es que cierta **forma de razonamiento** tiene un ejemplo V/F.

**Razonamiento escalonado:** Tipo de **razonamiento** muy común, que se produce cuando -a un comportamiento, una decisión o una sugerencia- le sigue la proximidad de un principio o un **hecho**. Se aplica una norma general a un caso concreto que suscita una **conclusión** normativa o imperativa. Por ejemplo, si en **Argentina** hay **devaluación**, y **Uruguay** tiene una economía similar a la **Argentina**, por lo tanto en **Uruguay** habrá devaluación también.

**Razonamiento inductivo: Razonamiento no deductivo** que apela a un principio o supuesto no expresado que dice que lo que sucede con todos los casos conocidos de un **fenómeno** también sucede con los casos desconocidos del mismo fenómeno. Los casos conocidos son las **premisas** del **razonamiento** ("x1 tiene la propiedad P, x2 tiene la propiedad P, ...xn tiene la propiedad P", tal que n es un *número finito*) y su **conclusión** dice o bien que un caso desconocido (que no figura en las premisas) también tiene la propiedad P ("x (n+1) es P") o bien dice que absolutamente todos los casos del fenómeno en cuestión tienen la propiedad P ("(x) Px", tal que el dominio es el conjunto de los infinitos casos del fenómeno). Es decir que la conclusión de un RI agrega una información nueva que no estaba contenida en las premisas. No pretende que sus premisas ofrezcan fundamentos concluyentes para la **verdad** de su conclusión, sino solamente que ofrezcan *algún* fundamento para ella. No son válidos, aunque sí pueden ser mejores o peores según su grado de **probabilidad**: cuantos más casos se puedan conocer e incorporar como premisas, mejor; si alguno de los casos no tiene la propiedad P en cuestión, peor, esto sería algo muy malo. Por ejemplo: premisa 1: José vive en la villa y es un delincuente, premisa 2: Juan vive en la villa y es un delincuente, premisa 3: Pedro vive en la villa y es un delincuente, conclusión: Todos los que viven en la villa son delincuentes.

**Razonamiento inválido:** Un **razonamiento** es inválido cuando su **forma lógica**

es inválida, lo que ocurre cuando hay por lo menos un razonamiento de esa forma que tiene **premisas** verdaderas y **conclusión** falsa (es decir, todos los RI tienen **contraejemplos** y, a la inversa, si un razonamiento tiene contraejemplos, entonces es inválido). En los RI la forma lógica no garantiza que **verdad** se transmita en todos los casos de las premisas a la conclusión. Opuesto: **razonamiento válido.**

**Razonamiento no deductivo:** Razonamiento cuya **conclusión** no se desprende en forma necesaria de las **premisas.** Son tipos de RND el **razonamiento inductivo** y el **razonamiento analógico.** Muchos autores y en general la **ciencia fáctica** atribuyen a los RND cierto grado de **probabilidad**, distinguiendo así mejores y peores razonamientos.

**Razonamiento por analogía:** Ver **razonamiento analógico.**

**Razonamiento válido:** Razonamiento en el que no hay ninguna posibilidad de que se dé algún caso en que las **premisas** sean verdaderas y la **conclusión** sea **falsa.** En los RV la **verdad** se transmite de las premisas a la conclusión. De este modo, garantizan la verdad de la conclusión sólo en el caso de que las premisas sean verdaderas. Cuando un conjunto de premisas (una o más) implica una conclusión, tenemos una **deducción** correcta o RV. Para poder distinguir un RV de uno inválido existen varios **métodos.** Uno de ellos es el de las **tablas de verdad.** Opuesto: **razonamiento inválido.** Sinónimo: **razonamiento deductivo.**

**Realismo:** 1. **Tesis** filosófica de raíz **platónica** que afirma que los **conceptos** o **categorías universales** son reales, es decir, tienen una **realidad** de una naturaleza especial diferente de la del mundo sensible. El R extremo llega a afirmar que la única realidad es la de los universales (también llamados **ideas**), de modo que superan a cada uno de sus ejemplos concretos. Así, "mesa" –concepto **universal**- posee una **sustancia** propia, superior a la de cada una de las mesas existentes. El R constituyó una de las posturas de un debate que atravesó el **Medioevo** y que lo enfrentó con el **nominalismo** en la llamada **disputa de los universales.** El R ha influido en el pensamiento de diversos autores, por ejemplo, en **Hegel.** 2. Dícese también de la postura de atenerse a los **hechos** y no a los principios, motivos o fantasías.

**Reducción al absurdo:** Ver **demostración por el absurdo.**

**Reduccionismo:** 1. **Método** que intenta explicar gran cantidad de **fenómenos** a partir de una **teoría** que se considera básica, 2. Posición epistemológica que considera científicos sólo los **conocimientos** a los que se les aplica el método de las **Ciencias Naturales.** El **mecanicismo** y la **sociobiología** son ejemplos de R.

**Reductio ad absurdum:** Ver **demostración por el absurdo.**

**Refutación:** Demostración de la falsedad de una **hipótesis científica** a partir de la falsedad de alguna de sus **consecuencias observacionales.** Este **razonamiento** tiene la **forma lógica** denominada *modus tollens.*

**Refutacionismo:** Ver **falsacionismo.**

**Refutadores potenciales (falsacionismo): Base empírica** o conjunto de **enunciados básicos** que pueden potencialmente **falsar** una **hipótesis** o **teoría.**

**Regla de conjunción: Regla de inferencia** con el siguiente esquema: p, q \ p . q.

**Regla de simplificación: Regla de inferencia** cuya **forma lógica** es: p. q \ p.

**Reglas de correspondencia: Afirmaciones** que relacionan entidades observables y no observables. Las RC permiten que de las **leyes teóricas** se deduzcan nuevas **leyes empíricas.** Se utilizan de manera parecida a un diccionario bilingüe: las leyes teóricas se traducen en leyes empíricas. Sin ellas, las leyes teóricas serían sólo especulaciones que no podrían ser **contrastadas** mediante la **observación.** También conocidas como la **interpretación** que se hace de un **sistema,** a través de la cual los **signos** no interpretados (vocabulario teórico aún sin contenido empírico, definido de manera implícita por el papel inferen-cial que juega, es decir, por su lugar en **proposiciones,** que se deducen de determinadas proposiciones y que son el fundamento para deducir otras proposiciones) adquieren contenido empírico, mediante un diccionario. Por ejemplo, autorizan a sustituir la **variable** "t" por un 'valor de tiempo. El valor debe ser un intervalo ya que ninguna medición puede ser infinitamente precisa y debe considerarse cierto margen de error. A partir de la interpretación de algunas variables se puede dar automáticamente el valor de otras que están definidas (en una ecuación) a partir de la primeras. **Hempel** opuso a la noción de RDC la de **principios puente,** que según él es más aplicable a la práctica científica.

**Reglas de designación:** Reglas que relacionan un **signo** con un **objeto.**

**Reglas de formación:** Las RF son **enunciados** metalingüísticos que establecen reglas de un **lenguaje objeto.** En particular establecen la manera de combinar los **signos** elementales para obtener **estructuras** complejas bien formadas. En un **lenguaje formal,** las RF establecen cómo se forman correctamente las **fórmulas,** determinando el conjunto de las infinitas **fórmulas bien formadas** de un **lenguaje.** En el castellano, por ejemplo, hay una regla que prohíbe que se puedan formar oraciones como "Josefina y Germán *está* despierto".

**Reglas de inferencia:** Formas válidas de **razonamiento** que sirven para indicar cómo debe procederse -en un **sistema axiomático** o en un conjunto de **enunciados**- para pasar de una **fórmula (premisa)** a otra (**conclusión**). Las RI más comunes son las siguientes: *modus ponens*, *modus tollens*, **leyes de De Morgan**, **silogismo hipotético**, **regla de conjunción** y **regla de simplificación**. En castellano la voz pasiva nos permite transformar una **oración** en otra equivalente. Todas las RI garantizan que el vínculo entre una fórmula o **proposición** y la fórmula o proposición que se infiere, es deductivo (aunque nada impide crear un sistema cuyas RI no sean deductivas, ya que pueden postularse reglas de manera arbitraria, aunque casi todos los sistemas usan reglas deductivas). También se las llama **reglas de transformación**. Las RI son **afirmaciones** metalingüísticas.

**Reglas de transformación: Reglas de inferencia.**

**Reglas lógicas:** Así como una **ley lógica** nos garantiza la **verdad** formal de todas las **proposiciones** obtenidas por sustitución correcta de las **variables proposicionales** de una **tautología**, una RL nos garantiza la **validez** de los **razonamientos** que tienen determinada **forma lógica**. Las reglas son expresiones metalógicas; son prescripciones que nos permiten pasar correctamente de una o más **premisas** a una **conclusión**. En las RL, no puede suceder que al sustituir las variables proposicionales por proposiciones obtengamos un razona-

miento que tenga premisas verdaderas y conclusión falsa. Son ejemplos de RL: *modus ponendo ponens*, *modus tollendo tollens*, **silogismo hipotético**, **silogismo disyuntivo**, **simplificación**, adición, transposición, etc. Las RL son las **reglas de inferencia** de un **sistema lógico**.

**Regresión al infinito: Demostración lógica** que explica p a partir de q, q a partir de r, r a partir de s, y así sucesivamente. Por ejemplo, se acusa al **principio de inducción** de apelar a la RAI para su **justificación inductiva**.

**Relación de implicancia:** Relación **lógica** que establece que el **antecedente** implica el **consecuente**, pero no afirma que el antecedente sea verdadero, sino sólo que si el antecedente es verdadero, también lo será el consecuente.

**Relación espuria:** Falso vínculo causal entre dos **variables**. También conocida como **falacia de relación causal.**

**Relevancia explicativa (Carl Hempel):** Requisito de una **explicación científica** que plantea que la información explicativa dada en el *explanans* debe proporcionar una buena base para creer que el **fenómeno** que se trata de explicar (*explanandum*) tuvo o tiene lugar, es decir, que todos los **enunciado** del *explanans* deben ser indispensables para la **derivación** de la **conclusión** (no debe ser posible omitir una de las **premisas** y obtener esa misma conclusión).

# S

**Saber proposicional: Saber** que consiste en "saber que p", donde p es una **proposición** cualquiera. La definición clásica de SP o **conocimiento proposicional** establece tres **condiciones necesarias** y suficientes: la **creencia** (x cree que p), la **verdad** (p es verdadera) y la **prueba** (x tiene pruebas de que p).

**Saber qué: Conocimiento** que permite afirmar que determinadas proposiciones son verdaderas. Se llama así porque en castellano se usa la expresión "x sabe que p" para indicar una relación entre una persona (x) y una **proposición** (p). Significa lo mismo que el vocablo inglés *know-that* y que la expresión castellana **conocimiento proposicional**. Por ejemplo, el médico sabe que debe suministrar cierta dosis máxima de una droga.

**Salto inductivo:** Ver **problema de la inducción.**

**Si:** Es un **signo** que introduce una **proposición** sin afirmarla ni negarla, que suele operar con otro signo como **"entonces"** o una coma, etc, que introduce otra proposición. La construcción completa coordina las dos proposiciones indicando que la segunda es verdadera en ciertas condiciones, a saber, cuando la primera es verdadera. Esa construcción se llama **condicional** y en el **lenguaje natural** puede hacerse con varias combinaciones de tiempos, modos y aspectos verbales, indicando en cada caso **significados** distintos. En **lenguaje** lógico es frecuente interpretar estas construcciones como un **condicional material.** Se llama **antecedente** a la proposición que sigue al signo S y **consecuente** a la otra proposición. Por ejemplo: "Vas a tener mejor salud si dejas de fumar" (ver también **implicación**).

**Si y sólo si:** Suele abreviarse **"sii".** Esta expresión está compuesta por el **signo** **"si"** en **conjunción** con "sólo si". La primera parte dice que lo que está a la derecha del signo es una **condición suficiente** (ver) de lo que está a la izquierda y el "sólo si" dice que es, además, una **condición necesaria** (ver). Dicho de otro modo, el **enunciado** "A sii B" es equivalente a esta otra expresión "Si A entonces B y si B entonces A". Esta **oración** está implicando que A y B son equivalentes lógicamente, es decir, que son verdaderos en los mismos casos y falsos en los mismos casos. Por ejemplo: "Amo a otros si y sólo si me amo a mí mismo" significa que no puedo amar a otros si no me amo a mí mismo y que no puedo amarme a mí mismo si no amo a otros seres. Es decir que, o bien amo a otros y a mí mismo, o bien no amo a nadie en absoluto.

**Si-entonces:** Ver **implicación.**

**Silogismo (Aristóteles):** Tipo de **razonamiento deductivo** que parte de dos **enunciados** considerados **premisas** –premisa **mayor** y **premisa menor**- que son **enunciados condicionales** que no contienen **términos singulares** -es decir que son **proposiciones generales**- y están ligados por una **conjunción**, y deriva en otro enunciado llamado **conclusión**. No siempre premisas y conclusión estarán visibles: si sólo se expresa una parte del razonamiento y el resto se deja implícito, es decir, se da por sobreentendido, hablamos de un **entinema**. No es correcto considerar S a razonamientos donde no aparezca un **condicional** (si...entonces...), donde las premisas no estén ligadas por una **conjunción** o donde existan **términos** singulares. **Forma lógica** del S: Si todo M es P y  si todo S es M, entonces todo S es P. Por ejemplo: Si todos los árboles son vegetales y si ningún vegetal es animal, entonces ningún árbol es animal. (en este caso la segunda premisa es negativa, por lo que la conclusión también es negativa). Puede verse que el S expresa el razonamiento por medio de una **proposición** (tautológica) y no a través de varias. La forma de esta proposición es "(x) (Ax › Vx) . (x) (Vx › ¬Nx) › (x) (Vx › ¬Nx)". En ocasiones se usa el nombre de S para designar a cualquier razonamiento deductivo, aunque no cumpla con estos requisitos.

**Silogismo categórico: Razonamiento deductivo** formado con tres **proposiciones categóricas** -dos **premisas** y una **conclusión**-. El SC tiene tres **términos** –**término mayor**, **término menor** y **término medio**- donde dos de ellos se relacionan en las premisas con un tercero, surgiendo una relación entre los dos primeros términos en la conclusión. En un SC de forma típica, primero se formula la **premisa mayor**, después la **premisa menor** y, por último, la conclusión. La **validez** o **invalidez** de un SC depende de su forma y es completamente independiente de su contenido específico o del tema que trata. Por ejemplo: "Si algún niño es porteño y si todos los porteños son prepotentes, entonces algún niño es prepotente."

**Silogismo conjuntivo: Silogismo** cuya primera **premisa** es una **proposición molecular** conjuntiva. Aunque también la **conjunción** puede estar en la **conclusión**. Es el caso, por ejemplo, de la **regla de simplificación** (por ejemplo: "1) **Russell** y **Whitehead** escribieron *Principia mathematica*), 2) Russell escribió *Principia mathematica* y de la **regla de conjunción** (por ejemplo: "1) María jugó al truco, 2) Antonio jugó al truco, 3) María y Antonio jugaron al truco.")

**Silogismo disyuntivo: Silogismo** cuya primera **premisa** es una **proposición molecular** disyuntiva o **proposición alternativa**. A veces, la **proposición disyuntiva** es la **conclusión**. Su **forma lógica** cuando la disyunción es premisa puede ser: p o q, -p, q. O bien: p o q, p › r, q › r, r. Cuando la disyunción es la conclusión: p, p o q. Los ejemplos respectivos son: "Juego de arquero o de goleador, no juego de arquero, por lo tanto juego de goleador", "Voy a leer un libro o voy a mirar una película, si miro un película me voy a divertir, si leo un libro me voy a divertir, por lo tanto (en cualquier caso) me voy a divertir", "No hice la tarea, por lo tanto, o bien no hice la tarea o bien se la comió el perro."

**Silogismo hipotético: Regla de inferencia** consistente en un **silogismo** con al menos una **premisa condicional**, formada por un **antecedente** (con el encabezado "Si") y un **consecuente** (con el encabezado "entonces"). Es el caso, por ejemplo, del *modus ponens* (modo afirmativo) o del *modus tollens* (modo negativo). En un sentido más restringido y también frecuente, se llama SH a la regla que dice: (p É q), (q É r) \ (p É r). Por ejemplo: "Si no como tengo hambre y si tengo hambre no puedo pensar, luego, si no como no puedo pensar."

**Simbolización:** Conversión de un **razonamiento** en una **forma lógica**. Por ejemplo, el razonamiento "llueve y hace frío" puede pasar, por S, a la forma lógica "p.q". Opuesto: **sustitución**.

**Símbolos primitivos:** Ver **términos primitivos**.

**Simplificación:** Ver **regla de simplificación**.

**Sincategoremático:** Ver **términos lógicos**.

**Síntesis:** Idea que unifica, concentra y recombina a todo un conjunto de **conceptos**. Se contrapone a **análisis**.

**Síntesis:** Tercer momento de la **dialéctica**, que unifica y supera a la **tesis** y a la **antítesis**. También se le llama **negación de la negación**.

**Sintético:** En **lógica**, es S todo **enunciado** cuyo **predicado** agrega algo nuevo al **sujeto**. Por lo tanto, no basta con analizar el **significado** de sus **términos** para saber si la **proposición** es verdadera o falsa, ni puede reducirse a una **tautología** porque dice algo acerca del mundo (y por lo tanto es un **enunciado contingente**) sino que hay que recurrir a la **experiencia** o a la intuición. Por ejemplo, "El oro se dilata al ser calentado." Opuesto: **analítico**. Ver **enunciado sintético**.

**Sistema axiomático:** Conjunto de **fórmulas** y reglas que determinan su orden lógico y su **significado** -si el SA está interpretado-. Algunas de las fórmulas del **sistema**, llamadas **axiomas**, se aceptan sin **demostración** (o "se auto-demuestran") y son el punto de partida para demostrar todos los **teoremas** del sistema a través de la aplicación de las **reglas de transformación** del SA. Un SA puede ser formal o interpretado según comprenda o no una interpretación que asigne **significado** a sus **términos primitivos**. Además un SA puede ser **formalizado** o no formalizado según su **lenguaje** sea **natural** o **artificial** (remitimos a las entradas: **sistema axiomático formal**, **sistema axiomático formalizado**, **sistema axiomático interpretado**).

**Sistema axiomático formal:** Sistema axio-

mático cuyos **términos primitivos** carecen de **designación** o **significado**, siendo
meros **símbolos** o formas, sin contenido.
Un SAF se compone de cinco partes: **1.**
El vocabulario, que puede dividirse entre
símbolos lógicos y símbolos no lógicos,
y estos últimos entre términos primitivos y **términos definidos. 2.** Las **reglas
de formación.** (1 y 2 determinan el lenguaje del sistema que es el conjunto de
las **fórmulas bien formadas** –fbfs-). **3.** Las
**reglas de transformación. 4.** Los **axiomas**
(que son un subconjunto de las fbfs). **5.**
Los **teoremas**, que son un subconjunto
de las fbfs. Las fbfs de un SAF no son ni
verdaderas ni falsas, por lo tanto, tampoco los **axiomas** ni los **teoremas** son verdaderos ni falsos. Sinónimo: **cálculo.**

**Sistema axiomático formalizado:** Un **sistema axiomático** cuyo **lenguaje** es un
**lenguaje artificial.** Un SAF puede ser formal o interpretado.

**Sistema axiomático interpretado:** Sistema **axiomático** cuyos **términos primitivos** son interpretados, es decir que el
sistema tiene una **interpretación** metalingüística que asigna significados a
dichos términos del **lenguaje** del sistema. Inmediatamente se asigna también el **significado** a los **términos definidos** (ya que se definen a partir de
los primitivos). Un SAI se compone de
las cinco partes que hacen a un **sistema
axiomático formal** (ver) más la función
interpretación, que lo convierte en no
formal. A partir de la interpretación se
puede asignar **verdad** o falsedad a las

**fórmulas bien formadas**, por lo que se
convierten en **proposiciones.** Si los **axiomas** del sistema son todos verdaderos,
entonces todos los **teoremas** lo serán
ya que se deducen de los axiomas. En
este caso se dice que la interpretación
es un **modelo** del sistema. Si se asigna a los términos primitivos significados con **contenido empírico**, entonces
la verdad de los axiomas dependerá de
la **contrastación empírica.** Este no es el
caso de un SAI de **lógica**, en el que se
asignan **valores de verdad** a los primitivos directamente, por lo que carecen de
contenido empírico.

**Sistema binario: Sistema** basado en un
**teorema** matemático que permite escribir cualquier número combinando ceros
y unos. El SB es útil para toda situación
o **fenómeno** de doble alternativa (por
ejemplo, abierto-cerrado, prendido-apa-
gado, etc).

**Sistema coherente:** Ver **sistema consistente.**

**Sistema completo:** Ver **completitud.**

**Sistema consistente: Sistema axiomáti-
co** que tiene al menos un **modelo.** Llamado también **sistema coherente.** Ver
**consistencia.**

**Sistema formal:** Ver **sistema axiomático formal.**

**Sistema formalizado:** Ver **sistema axiomático formalizado.**

**Sistema inconsistente:** **Sistema axiomático** en el que puede demostrarse alguna **contradicción**. Dícese también de aquellos sistemas en los que no es posible hallar un **modelo** para aplicar. Ver **consistencia**.

**Sistema independiente:** Un **sistema** es independiente cuando sus axiomas son independientes, es decir, cuando ninguno de los axiomas puede deducirse de los demás axiomas que pertenecen al **sistema axiomático**. Por ejemplo, la sospecha que recaía en el 5é **postulado de Euclides** era que no satisfacía este requisito de **axioma** independiente. Ver **independencia**.

**Sistema interpretado:** Ver **sistema axiomático interpretado**.

**Sistema lógico:** Los **axiomas** y/o **reglas de inferencia** de un SL sólo autorizan **razonamientos deductivos**. La **interpretación** de un SL proposicional asigna a cada **letra proposicional** un **valor de verdad** como **significado**. A partir de allí se pueden definir nociones metalógicas como, por ejemplo: **tautología = fórmula** (del **lenguaje** O) que es verdadera en toda interpretación. Un SL semánticamente completo (ver **completitud**) tiene como **teoremas** a todas las tautologías que pueden expresarse en su lenguaje (si sus **términos primitivos** son **variables proposicionales**, sus teoremas serán las tautologías de la **lógica proposicional**).

**Solidez:** Un **razonamiento** es sólido cuando cumple con estas dos condiciones: 1) es **válido** y 2) todas sus **premisas** son verdaderas. De la definición de **validez** se sigue que su **conclusión** será necesariamente verdadera.

**Subalternación:** Según la **lógica clásica**, relación entre una **proposición** y otra de mayor extensión. Dichas proposiciones son llamadas *subalternas*. Por ejemplo: a = "todos los hombres son mortales" y b = "algunos hombres son mortales". Si a es verdadera, b también es verdadera. Si b es falsa, a es falsa. Pero si a es falsa, b puede ser tanto verdadera como falsa y si b es verdadera puede ocurrir que a sea verdadera como que no lo sea. Todo esto puede expresarse como "V(a) › V(b)", interpretando el **signo** metalingüístico "›" como un **condicional material** (ver **cuadro de oposición**).

**Subcontrariedad:** En la **lógica clásica**, relación entre una **proposición** y otra, tal que ambas pueden ser al mismo tiempo verdaderas pero no pueden ser al mismo tiempo falsas. Dichas proposi-

*cuadro 1*

| p | q | r | (A) | (p | . | |
|---|---|---|---|---|---|---|
| V | F | V | | V | F | |
| V | F | F | | V | F | |
| V | V | V | | V | V | |
| V | V | F | | V | V | |
| F | F | V | | F | F | |
| F | F | F | | F | F | |
| F | V | V | | F | F | |
| F | V | F | | F | F | |

ciones son llamadas *subcontrarias*. Por ejemplo: "p v q" y "¬p v ¬q". En el caso en que p es verdadera -V(p)- y q falsa -F(q)-, ambas son verdaderas. Pero no pueden ser falsas a la vez porque si F(p v q) entonces F(p) y F(q), según la definición de la **disyunción**. Y en ese caso se deduce de la misma **definición** que V(¬p v ¬q). Y puede probarse lo inverso: Si F(¬p v ¬q) se sigue que V(p v q), porque en ese caso los **valores** de p y de q serían: V(p) y V(q) (ver también **cuadro de oposición** para lo referente a la S de proposiciones modales).

**Sustitución:** Conversión de una **forma lógica** en un **razonamiento** o de una **fórmula** con variables en una **proposición**. Por ejemplo, la **forma proposicional** "p.q" puede pasar, por S, a la **proposición** "llueve y hace frío". Un razonamiento es válido cuando constituye un ejemplo de S de una forma válida de razonamiento; y una forma de razonamiento es válida cuando ninguno de sus ejemplos de S tiene **premisas** verdaderas y **conclusión** falsa.

Opuesto: **simbolización**.

*Syss:* Abreviatura que se utiliza en **lógica** para la expresión **"si y sólo si"**.

# T

**Tablas de verdad (Ludwig Wittgenstein):** Procedimiento lógico que consiste en desplegar en forma tabular todas las maneras posibles de combinar la **verdad** o falsedad de cada uno de los **enunciados atómicos** y el **valor de verdad** que en cada caso adoptaría el **enunciado molecular** según el **significado** de las **conectivas** que figuren en él. Las TV permiten determinar si una **fórmula lógica** es una **tautología**, una **contradicción** o una **contingencia**. El número de filas horizontales de una TV se calcula a partir del número n de **proposiciones atómicas** y es 2 a la n. A continuación damos ejemplos de una tautología (A: (p . q) > (r > q)) y de una contingencia (B: (p . q) > (r . q)):
(*ver cuadro 1*)



| | q) | → | (r | → | q) | (B) | (p | . | q) | → | (r | . | q) |
|---|---|---|---|---|---|---|---|---|---|---|---|---|---|
| | F | V | V | F | F | | V | F | F | V | V | F | F |
| | F | V | F | V | F | | V | F | F | V | F | F | V |
| | V | V | V | V | V | | V | V | V | V | V | V | V |
| | V | V | F | V | V | | V | V | V | F | F | F | V |
| | F | V | V | F | F | | F | F | F | V | V | F | F |
| | F | V | F | V | F | | F | F | F | V | F | F | F |
| | V | V | V | V | V | | F | F | V | V | V | V | V |
| | V | V | F | V | V | | F | F | V | V | F | F | V |

Las TV sirven para definir a las conectivas lógicas, ya que su significado se agota en el valor de verdad que "atribuyen" a las proposiciones que las rodean. Por ejemplo, la **negación** "atribuye" a la **proposición** de la derecha el valor falsedad. Esto quiere decir que si se acepta "no p" (si es verdadero el enunciado negativo), se acepta inmediatamente que "p" es falso (es falso el enunciado negado). Del mismo modo una conjunción "dice" que los conjuntos son ambos verdaderos (porque la proposición cuya conectiva principal es una conjunción es verdadera **si y sólo si** las proposiciones conyuntas son verdaderas). A continuación damos mediante TV las definiciones de las conectivas lógicas más frecuentes:

**Tautología:** Una T es una **proposición molecular** que por su **forma** es verdadera no importa cómo se interpreten los **términos no lógicos**. La negación de una T es una **contradicción**. Como es verdadera independientemente del **significado** de las **proposiciones atómicas** que la conforman y por tanto sin afirmar ninguna de ellas, se considera que la T no tiene **contenido empírico**, porque no nos da información acerca del mundo. Toda T es una **proposición analítica** o **ley lógica**, cuya **verdad** puede decidirse por métodos puramente lógicos. Sus **tablas de verdad** sólo tienen resultados verdaderos. Son ejemplos de T: "los patos son patos" y "p › (q › p)".

---

**Conjunción**

| p | . | q |
|---|---|---|
| V | V | V |
| V | F | F |
| F | F | V |
| F | F | F |

**Disyunción exclusiva**

| p | w | q |
|---|---|---|
| V | F | V |
| V | V | F |
| F | V | V |
| F | F | F |

**Bicondicional**

| p | ≡ | q |
|---|---|---|
| V | V | V |
| V | F | F |
| F | F | V |
| F | V | F |

**Negación conjunta**

| p | ↓ | q |
|---|---|---|
| V | F | V |
| V | F | F |
| F | F | V |
| F | V | F |

**Disyunción**

| p | v | q |
|---|---|---|
| V | V | V |
| V | V | F |
| F | V | V |
| F | F | F |

**Condicional material**

| p | → | q |
|---|---|---|
| V | V | V |
| V | F | F |
| F | V | V |
| F | V | F |

**Negación**

| ¬ | p |
|---|---|
| F | V |
| V | F |

**Incompatibilidad o negación alternativa**

| p | | | q |
|---|---|---|
| V | F | V |
| V | V | F |
| F | V | V |
| F | V | F |

**Teorema:** **Proposición** demostrada a partir de otras, llamadas **axiomas**. Consecuencias **lógicas** de los axiomas, la última **fórmula** de una secuencia **lógica** sin **premisas**, o **demostración**.

**Teoría de la verdad como coherencia:** **Tesis** que sostiene que una **proposición** es verdadera si es consistente con las demás proposiciones de la **teoría** de la que forma parte.

**Teoría de la verdad como correspondencia:** Esta **teoría** sostiene que una **proposición** es verdadera si se corresponde con un **hecho**, si describe un **estado de cosas** real. Caso contrario, es falsa (a menos, claro, que sea una **tautología**).

**Tercero excluido:** Ver **principio del tercero excluido**.

**Término:** Entidad **lingüística** que es parte de un **enunciado**.

**Término mayor:** Parte de un **silogismo** que opera como **predicado** de la **conclusión**, simbolizado con la letra P.

**Término medio:** Parte de un **silogismo** que opera en las **premisas** pero no en la **conclusión**, simbolizado con la letra M.

**Término menor:** Parte de un **silogismo** que opera como sujeto de la **conclusión**, simbolizado con la letra S.

**Término predicado:** A veces se llama así al **término mayor** de un **silogismo**.

Opuesto: **término sujeto**.

**Término sujeto:** A veces se llama así al **término menor** de un **silogismo**. Opuesto: **término predicado**.

**Términos:** Hay al menos dos maneras de usar este vocablo. La primera, frecuente en **metalógica**, es llamar T a un nombre en sentido amplio: una letra proposicional *nombra* a una **proposición** determinada (que se le asigna a la letra mediante una **interpretación**), una letra de **predicado** *nombra* una clase, una constante de **individuo** *nombra* a un individuo y los llamados T lógicos *nombran* siempre a cierta función (ver **conectiva**). En este sentido un T es un **signo** asociado a un **significado**. El otro uso identifica "T" y "**concepto**", es decir, el T es una de las partes de la proposición, que es el significado de una **aserción**. El T "**conjunción**", por ejemplo, ya no sería el signo "." o "y" sino la **función veritativa** misma. Así, un mismo T puede expresarse de diferentes maneras, en diferentes **lenguajes**, según convención. Un mismo T puede estar representado por una, dos o más palabras y también por un único signo (como un punto, una raya, una letra, etc). Hay que tomar en cuenta cuatro reglas de correlación: 1) "Distintas palabras pueden expresar un mismo T", 2) "Palabras iguales pueden expresar T distintos", 3) "Un T puede ser expresado en una construcción de varias palabras" y, 4) "Toda palabra expresa un T, pero no todo T se expresa en palabras" (por ejemplo, las no-

tas musicales, los signos matemáticos).
Junto con los **razonamientos** y las **proposiciones**, los T forman las tres **estructuras lógicas.**

**Términos categoremáticos:** Ver **términos no lógicos.**

**Términos definidos: Términos** que dentro de un **sistema** se definen a partir de los **términos primitivos**, es decir, mediante una **equivalencia** que de una lado tiene al TD y del otro una **fórmula bien formada** hecha de la combinación de términos primitivos. Una **interpretación** del **sistema** asigna significados sólo a los términos primitivos y mediante estos significados y las **reglas de formación**, pueden determinarse los significados de los TD. Es decir que se cumple el principio que dice que el **significado** del todo está determinado por los significados de las partes. Por ejemplo, en un sistema de lógica cuyos términos primitivos sean "›", "." y "¬", puedo introducir el término "ß›" mediante esta ecuación: $p \; ß› \; q = (p › q) . (q › p)$

**Términos lógicos:** Los TL son los términos que se denominan **constantes lógicas** y que sirven de nexo para obtener estructuras lógicas de un mayor grado de complejidad. Los TL son esenciales a la **validez** de los **argumentos**. Son constantes, porque no varían sus significados aunque varíen los otros componentes de la estructura, manteniendo de este modo el carácter de la **estructura**

**lógica** que determinan. Por ejemplo, el TL *negación* tiene el siguiente **significado:** "no p" es verdadero cuando "p" es falso y es falso cuando "p" es verdadero. Este significado es constante y determina el **valor de verdad** de la **proposición** a la que se asoció, pero para saber ese valor es necesario conocer el valor de "p". Algo semejante ocurre en matemática, por ejemplo, con la expresión "x2" ("por dos"): reconocemos que tiene un significado **unívoco** (constante) aunque determina deferentes valores de acuerdo al número al que se lo asocia. Si se lo asocia a "3" determina el valor "6", asociado a "10" determina el valor "20", etc (remitimos a las entradas **conectivas** y **cuantificador**, para el significado de estos TL.) Los TL recibieron en la **Edad Media** el nombre de **T sincategoremáticos**, que significa "con- **predicado** (categoría)" y que podríamos parafrasear como "aquello que no es predicado en una **enunciado categórico** y que sólo adquiere significado si está asociado a predicados". Mientras que los predicados tomados aisladamente tienen un significado, *nombran* propiedades, los TL no señalan nada "en el mundo" pero sirven para expresar cosas acerca del mundo si se los asocia con **términos categoremáticos**. Podemos decir esto en términos de **lógica proposicional** de la siguiente manera: los TL no tienen un valor de verdad (porque no son proposiciones) pero asociados a proposiciones conforman proposiciones más complejas y determinan el significado de estas últimas y, por tanto, su valor de verdad. En los sistemas lógicos se asignan los significados a los **términos no lógicos** mediante una **interpretación** o diccionario y para un mismo sistema puede haber infinitas interpretaciones de dichos términos a los que se llama **variables** precisamente porque su significado varía. Mientras que los TL no están sujetos a interpretación y por ello se los llama constantes. Las diferentes **lógicas** se distinguen por los TL que emplean, lo que determina los argumentos válidos que autorizan, o dicho de otro modo, las **tautologías** que son **consecuencias semánticas** del sistema. Por ejemplo, la **lógica de predicados** tiene más TL que la **lógica proposicional**: los **cuantificadores**. Y como comparte con ella todas las constantes inter-proposicionales, permite demostrar las mismas **tautologías** y otras más. Opuesto: **términos no lógicos.**

**Términos no lógicos: Términos** que tienen **significado** por sí mismos. También llamados **T categoremáticos**. En un **sistema** lógico los TNL son **variables** cuyo significado se asigna mediante una **interpretación** o diccionario. Por ejemplo, "niño". Opuesto: **términos lógicos.**

**Términos primitivos: Símbolos** elementales de un **sistema** que no están definidos y que sirven de punto de partida. También llamados **símbolos primitivos**. Por ejemplo, en la **axiomatización** de la **lógica proposicional** de Lukasiewicz, los TP son ">" y "¬".

**Términos sincategoremáticos:** Ver **términos lógicos.**

**Términos singulares:** Un TS nombra a uno y sólo un objeto determinado. Los TS pueden ser nombres propios ("Ramiro", "Madagascar", "el Monumental"), **deícticos** sueltos ("esto", "allá", "éste") o deícticos en una construcción con **términos universales** (*"esta* mandarina", *"allá* arriba", *"aquel* semáforo") o descripciones definidas ("la tía de Florencia", "el novio de Karina", "el quiosco de la esquina"). Opuesto: **términos universales.**

**Términos universales: Términos** cuyo **significado** es una propiedad o relación, de modo que en principio se la puede predicar de todos los miembros de una clase (de allí "universal") y que en general por medio de la cópula se pueden adjudicar a uno o varios objetos. Por ejemplo: "manzana" (que se predica de todas las manzanas), "hombre", "azul", "mayor que". Un término encabezado por un artículo indefinido o **cuantificador** ("un", "una", unos", "algún", "ciertos") es siempre un TU. Por ejemplo en las oraciones: "Sócrates es *un* hombre", "esto es *una* manzana", *"algunas* manzanas son inmortales". Opuesto: **términos singulares.**

**Tesis:** Primer momento de la **dialéctica**, el momento de la **afirmación**. También, idea fundamental de una **teoría**.

**Tesis de la simetría:** Argumentación que

sostiene la existencia de una simetría **lógica** perfecta entre la naturaleza de las explicaciones y de las predicciones. La TS ha sido muy criticada por los defensores del **método hipotético deductivo**, con el argumento de que la **predicción** no tiene por qué implicar **explicación**: la predicción sólo exige correlación, mientras que la explicación requiere algo más: una **ley** o **hipótesis universal**.

**Trascendental (Immanuel Kant): Categoría** que se aplica al **conocimiento**, examen o **filosofía** acerca de la posibilidad del conocimiento y que se ocupa del modo en que conocemos en tanto es posible *a priori*.

# U

**Unidad de análisis:** Dado cierto **análisis** que se lleve a cabo acerca de una parcela de la realidad, la UA será aquella cosa que pertenezca al recorte pero cuya **estructura** interna no es analizada. Por ejemplo, en la **lógica proposicional** las **proposiciones** son la UA porque no se estudia la estructura interna de las **proposiciones atómicas**, como sí la analizan, en cambio, la silogística aristotélica o la **lógica cuantificacional**.

**Universal:** 1. (adj.) Que abarca todos los elementos particulares existentes en una categoría. 2. (Ver **términos universales**). La controversia sobre su naturaleza dio lugar a la llamada **disputa de los universales**. 3. (Ver **enunciado universal**). Opuesto: particular.

# V

**Vaguedad:** Falta de precisión o límites precisos en el **significado** de un **término**. Por ejemplo, cuánto quiere decir "mucho".

**Validación:** Constatación de que una **hipótesis** de trabajo está en correlación con **datos** de la **experiencia**. También puede hablarse de "**adecuación**".

**Validez:** Cualidad de los razonamientos o de las **formas de razonamiento**. La V es independiente de la **verdad**, dado que un **razonamiento** puede ser válido por ser lógicamente correcto y a su vez tener alguna **premisa** falsa y una **conclusión** falsa porque estas **proposiciones** no coinciden con lo que ocurre empíricamente. Un razonamiento es válido cuando de sus premisas se infiere la conclusión, cuando el resultado de afirmar las premisas y negar la conclusión es una **contradicción**. Así, la V de un razonamiento depende de su forma, de su relación **lógica**, independientemente de los que los **enunciados** signifiquen. Sólo de los razonamientos puede establecerse su V, nunca de las premisas –que son verdaderas o falsas–. Todos los razonamientos válidos son deductivos (ver **deducción**).

**Valor de verdad:** Cualidad de las proposiciones de ser verdaderas o falsas. La **verdad** y la falsedad son los VV que tienen las proposiciones. Si una **proposición** es verdadera, decimos que su VV es verdadero, y si es falsa, decimos que su VV es falso. En los **enunciados analíticos**, el VV depende de las relaciones internas del **enunciado**. En cambio, en los **enunciados sintéticos** el VV depende de su correspondencia con los **hechos** que describe. Así, el VV de estos últimos puede variar con las circunstancias, por ejemplo, "Es de día en Buenos Aires" es una proposición (verdadera) a las tres de la tarde y es otra proposición (falsa) a las once de la noche. El cambio en el VV del enunciado se debe a un cambio de su **significado**, es decir, dependiendo de qué día se diga el enunciado la proposición expresada será distinta. El VV de una proposición no cambia: cualquier cambio en el VV se debe a un cambio de significado del enunciado. Otras veces, es técnicamente imposible de determinar, por ejemplo, en la proposición "Hace diez millones de años hubo un terremoto en la actual América."

**Variable: Propiedad** de un **fenómeno**, característica que puede variar en su calidad o en su cantidad. Elemento que se introduce en un **modelo** con el fin de poder determinar su **valor**. Se llama V a cada una de las propiedades de los **objetos** que están siendo estudiados. Si estamos estudiando a los niños, por ejemplo, una V será la edad, porque ésta variará de un niño a otro. En **lógica**, es un **signo** cuyo **significado** no es siempre el mismo o no está determinado. Por ejemplo, "x" es una V en "8 + 45 . x" y "p" es una V en "no p". Opuesto: **constante** (ver también **operacionalización** y **análisis multivariado**).

**Variable proposicional:** Ver **forma proposicional**.

**Venn:** Ver **diagramas de Venn**.

**Verdad: Predicado** que se puede atribuir o denegar en una **proposición** o **enunciado**. Según la **teoría de la V como correspondencia**, la V es un elemento del **saber proposicional** que establece una relación de correspondencia entre un enunciado y un **estado de cosas**: un enunciado es verdadero si describe un estado de cosas real y es falso en caso contrario. **Aristóteles** lo expresó de este modo: "Decir de lo que es que es y de lo que no es que no es, es lo verdadero." Por otra parte, la V **lógica** se define por ser un enunciado tal que su **negación** es auto-contradictoria, se define en relación a una noción de **contradicción** formal (desprovista de contenido material), en tanto que la **V como coherencia** implica un acuerdo **intersubjetivo**. Sólo de las **premisas** y de la **conclusión** puede establecerse su V (o falsedad), nunca de los **razonamientos**.

**Verdad como coherencia:** Ver **teoría de la verdad como coherencia**.

**Verdad como correspondencia:** Ver **teoría de la verdad como correspondencia.**

**Verdad contingente: Verdad** de un **enunciado** que no puede establecerse por medios lógicos y que debe contrastarse empíricamente. Opuesto: **verdad necesaria.**

**Verdad lógica:** No **contradicción** formal. Llamada también **tautología,** una VL es verdadera bajo toda **interpretación,** es decir que su **tabla de verdad** sólo tiene valores verdaderos en la columna que indica el **valor de verdad** de la **proposición** en cuestión.

**Verdad necesaria: Enunciado** verdadero en todo mundo posible. Opuesto: **verdad contingente.**

**Verdades lógicas:** Ver **principios lógicos.**

**Verificabilidad: Criterio de demarcación científica empirista,** planteado por el **Círculo de Viena** (hemos desarrollado esta noción en la entrada **criterio verificacionista del significado**).

**Verificable:** Que puede ser verificado. Es una propiedad de las proposiciones. Una **proposición** es V si se le puede asignar legítimamente el **valor de verdad** verdadero, ya sea por medios lógicos (si se trata de una **verdad lógica**) o empíricos (si se trata de una verdad **contingente**).

**Verificación:** En un sentido amplio, se habla de V como la **contrastación** de una **hipótesis** con **datos** de la **experiencia.** Pero en particular, la V refiere a la **prueba** del **valor de verdad** verdadero de un **enunciado** en base a datos **empíricos** favorables al mismo. Desde el punto de vista del **verificacionismo (Círculo de Viena** en sus comienzos), es la demostración de la **verdad** de un **enunciado** en forma definitiva. Opuesto: en distintos sentidos, **confirmación, corroboración** y **refutación.**

**Verificacionismo:** Postura científica de una parte del **empirismo** o **positivismo lógico.** Para el V, de las **proposiciones** científicas se puede demostrar su **verdad** de modo definitivo, por medio de la **experiencia.** El V fue criticado por el **inductivismo en sentido amplio** o **confirmacionismo.** Los referentes más salientes del V son **Mill, Wittgenstein** y Schlick.

**Verificar (inductivismo ingenuo):** Probar la **verdad** de un **enunciado** en forma concluyente, lo que distingue a la **verificación** de la **confirmación** –que se basa en una verdad no definitiva sino probable-. Opuesto: **refutar.**

**Veritativo:** Referente a la **verdad.**

**Veritativo-funcional:** Ver **conectivas.**

# W

**Whitehead, Alfred North (1861-1947):** Filósofo y matemático británico, uno de los fundadores de la **lógica formal**, junto con G. **Frege**, B. **Russell** y otros. Entre sus obras principales encontramos a: *Principia Mathematica* (1910-13, con B. Russell).

**Wittgenstein, Ludwig Josef Johann (1889-1951):** Filósofo y matemático austríaco, uno de los fundadores del **neopositivismo** y analista de las **funciones del lenguaje**, ligadas a la **descripción** y representación del mundo. Aspirando a construir un **lenguaje** lógico perfecto, sostuvo que el **conocimiento** es una generalización teórica de percepciones **empíricas** y que la **lógica** revela la **estructura** del lenguaje a través de las **proposiciones**, que son "retratos" o "maquetas" de la realidad (**estado de cosas**) planteando además que el mundo se basa en **hechos** simples (**atomismo** lógico, influencia de B. **Russell**). Posteriormente abandonó esta perspectiva (luego de haberla desarrollado en el *Tractatus Logico-Philosophicus*, 1921) y delineó una concepción innovadora sobre el lenguaje cuya **tesis** fundamental es que el **significado** de los **términos** está dado por su uso en una comunidad de hablantes: en el lenguaje los **"juegos de lenguaje"**, los usos prácticos, determinan significados y **sentidos**. A partir de esto inventó nuevas categorías para dar cuenta del lenguaje,

plasmadas en su obra póstuma, *Investigaciones filosóficas* (1954). En virtud de este cambio se habla del "primer W" y del "segundo W". La influencia que esta obra tuvo en filósofos posteriores es tan grande que los historiadores hablan de un momento llamado "el giro lingüístico" a partir del cual el curso de las investigaciones en filosofía del lenguaje abandonó el modelo **Frege**-Russell-primer W, para dedicarse al estudio del **lenguaje natural.**

# Y

**Y:** En **lógica**, **signo** cuyo **significado** es la **conjunción**. Coordina dos **proposiciones** indicando que ambas son verdaderas. Por ejemplo, en "Ariadna y Teseo comieron asado", la "y" coordina las proposiciones "Ariadna comió asado" y "Teseo comió asado". Este **análisis** es propio de la lógica y debe distinguírselo del análisis gramatical que diría que el signo coordina los dos núcleos del **sujeto** (gramatical). Los análisis lógico y gramatical no se contradicen entre sí porque se ocupan de **objetos** diferentes.